MANUAL DE DONES ESPIRITUALES

MANUAL DE DONES ESPIRITUALES

Por

MANUAL DE DONES ESPIRITUALES

Primera edición julio 2022

Edición Independiente

ISBN: 978-607-29-3661-4

Samak
Edición Independiente

www.alquimist.com.mx

ÍNDICE

Introducción

Los dones extraordinarios han sido reprimidos por no ser comprendidos. Dones que manifiestan el gran poder del Infinito, de la Gran Fuerza, de la Fuente Creadora. Dones que se potencializan en seres abiertos a la infinitud.

Además de los cinco sentidos con los que contamos, existen los otros sentidos, los de la otra percepción, la inmaterial. Debido a que estos sentidos no son tangibles, los seres humanos han investigado a través de los años tratando de encontrar explicaciones. Así, de pronto han surgido movimientos que intentan darle bases sólidas a estas cualidades, sin embargo, la estadística, que es el método de aproximación para arrojar datos duros en los cuales se basan los análisis, aunque muestran resultados sorprendentes, nos enfrentamos con un sistema complejo que nos deja aún con muchas dudas.

Aún no hay una razón y una comprobación contundente que convenza a nuestros científicos, pero sí hemos encontrado respuestas razonables; sin embargo, aunque falta mucha investigación, no podemos negar la existencia de personas que tienen dones extraordinarios, dones que van más allá de lo explicable.

¿Alguna vez has sentido que tienes algún don, como ver seres que no tienen cuerpo, presentimientos, soñar algo que está por suceder o influir en la mente de otras personas?

Muchos son los que tienen estos dones, pero también muchos han tenido que ocultarlos. Algunos los tienen y no lo saben, otros han tenido que reprimirlos por no ser reconocidos y considerarse fantasías, algunos, no obstante, ayudan a otras personas con sus dones; otros tantos fingen tenerlos y lucran con la ignorancia de las personas. Sabemos que en nuestra cultura el obtener beneficios económicos de estos dones no es muy aceptado, debido a que es difícil su comprobación.

A través de la historia, en la antigüedad, la espiritualidad, la filosofía y la ciencia iban de la mano, conocemos a grandes personajes que han marcado el avance de nuestra cultura como Leonardo Da Vinci, Einstein, Yung, Nikola Tesla, numerosos investigadores y científicos de la época del espiritismo 1800´s, algunos de ellos Premios Nobel y primeras figuras del elenco científico internacional, realizaron investigaciones y trabajos sobre las facultades de los médiums, como William Crookes, Cesar Lombroso, Arsakoff, Arthur Conan Doyle, Michael Faraday, Emanuel Swedenborg, Frederic Myers, León Tolstói o Charles Richet, todos ellos tenían inspiración sobre sus inventos y eran seres dotados además de gran inteligencia, de visiones extraordinarias que estudiaron estos hechos con el fin de descifrar los secretos que se esconden detrás de los dones espirituales. Los resultados de sus estudios pueden ser consultados en la web.

En cuanto al Espiritismo, doctrina que fue de las más estudiadas, la médium más joven de la que se ha escuchado es Selene Gauna, más conocida como Avalon, con sólo 14 años de edad quien lograba transmitir los mensajes de los espíritus.

Para neurociencia, estos son trastornos de la personalidad clasificados incluso en el CIE-10 (Clasificación internacional de enfermedades) de la Organización Mundial de la Salud y el DSM-IV (Manual Diagnóstico y Estadístico de los Trastornos mentales), considerados trastornos neurológicos con la posibilidad de ser tratados mediante medicamentos: ansiolíticos y antidepresivos.

El estado en equilibrio del individuo es poder compartir con otros y saber separar de la imaginación, las creencias y la realidad. Estos fenómenos, considerados como dones, para los neurocientíficos son trastornos de la percepción de la realidad y trastornos de la creencia de sí mismo.

En la Psicología tradicional se piensa que los dones sobrenaturales son una autoidealización cuando se tiene la creencia de portarlos y su fondo es llamar la atención.

Es muy cierto que no contamos en la actualidad con instrumentación que nos permita explicar ciertos fenómenos, tal vez en el futuro contemos con herramientas que lo hagan.

Todos los seres humanos tenemos algún don en mayor o menor medida, y estos se pueden desarrollar. Como hemos señalados, de pronto hay épocas con un gran auge de estos temas y se han investigado. Normalmente a los dones se les vincula con temas religiosos o espirituales; sin embargo, en los siglos X y XIV se empezó a satanizar todo este conocimiento, en la cumbre del oscurantismo y la Santa Inquisición.

A pesar de estas épocas oscuras y represivas, han existido algunos personajes importantes que han traído a la humanidad grandes revelaciones como Nostardamus 1550, o Alan Kardek con el auge del espiritismo a finales de los 1800´s, la Sociedad de Investigación Psíquica y el Club Fantasma en 1882, Edgar Cayce (1877-1945) y muchos otros que han surgido, no tan famosos como los anteriores, pero que incluso los podemos ver en los programas televisivos de los últimos años.

En el siglo XX hubo muchas investigaciones en la pseudociencia de la Parapsicología, donde se estudió bastante sobre la percepción extrasensorial (ESP) por sus siglas en inglés, podemos encontrar análisis sobre la mediumnidad, percepciones extrasensioriales, reencarnación, fenómenos poltergeist, proyección astral. Famosos científicos estuvieron involucrados en estos temas, incluyendo a Carl Sagan y el premio Nobel Brian David Josephson. Incluso, la Parapisoclogía se llegó a estudiar en prestigiadas Universidades alrededor del mundo.

En la actualidad cada vez hay más estudios científicos que nos ayudan a reconectar la parte espiritual con la material; sin embargo, aún queda mucho por explicar.

Aunque a los que tenemos estos dones no nos importa en realidad, el problema es el desprestigio y que ha caído en la superstición, a pesar de todo esto la curiosidad por estos temas está siempre presente.

¿Y por qué y para qué son estos dones? Esto también es lo que trataremos de descifrar en el presente libro, así como los tipos de dones que hay y cómo activarlos.

Capítulo 1.
¿Los dones se traen o se adquieren?

Dones, ¿para qué?

Hay una razón especial para cada don psíquico o don espiritual que te permite comunicarte o recibir señales del mundo invisible a través de tus otros sentidos.

Lo observado a través de mis investigaciones me arroja las siguientes razones:

1. Resolver los problemas que se te van presentando en la vida.
2. Ayudarte y ayudar a otros.
3. Encontrar respuestas sobre nuestra existencia y la vida en general.
4. Mostrarnos las leyes de la naturaleza y el universo.
5. Diseñar tu vida obteniendo lo necesario para vivir bien a través de tu magia.
6. Ser más feliz.

Todo esto con el fin último de cumplir la más extraordinaria labor:

Lograr tu misión de vida mediante
Despertar tu verdadera esencia
al conectar con tu divinidad

La maravilla de la sincronicidad nos da acceso a estos dones para darnos claves en nuestra evolución, son señales que nos indican el camino y nos hablan de las leyes del universo.

La forma de lograrlo es activando nuestra magia para transformarnos en guerreros de luz.

Es decir, si tienes algún don, eres parte de un **ejército de luz** y tienes una labor de servicio y ayuda a otros o a la humanidad en general.

El mundo te necesita para lograr la ascensión de nuestro planeta tan esperada en nuestros tiempos.

¿Estás listo para cumplir con aquello que prometiste hacer antes de esta encarnación?

Existen tradiciones que reconocen estos dones y los fomentan, como la Vieja tradición o Vieja Religión también llamada Wicca o Modern Witchcraft, donde el desarrollo de los dones es parte fundamental del camino de conexión con la naturaleza y las fuerzas estelares.

Los dones de Aradia

De acuerdo con el antiguo arte de la brujería occidental, de orígenes celtas; en el siglo XIV, Aradia enseñó que los poderes tradicionales de una Bruja (o) pertenecerían a cualquiera que siguiera el camino de la Vieja Religión. Aradia llamó a estos poderes, dones o regalos, ya que una vez que alguien se adhería a la Vieja Tradición estos eran los beneficios que traía el Viejo Camino y no eran la razón para convertirse en brujo. Estos son los poderes:

- **Traer éxito en el amor:** Muy ligado con la antigua diosa Venus, quien era originalmente la diosa de los jardines cultivados. Aquí encontramos también la relación de la bruja con la herbolaria. Y hacedora de pociones. Pero las brujas ayudaban a las mujeres en su periodo, y las aconsejaban sobre la pareja y sus relaciones emocionales; este sigue siendo uno de los artes de la brujería.

▪ **Bendecir y Consagrar:** Trae a colación el antiguo rol de Medea como sacerdotisa de la diosa Hécate. Crear un espacio sagrado al establecer un altar y hacer el círculo incorpora bendecir y consagrar, que es hacer sagrados los objetos con fines mágicos.

▪ **Hablar con los espíritus:** Debido a que la vieja tradición cuenta con la diosa Hécate como su diosa tutelar, esta diosa es la guardiana de las almas que cruzan y de los cruces de caminos; ha sido venerada como la diosa de las brujas y de la brujería. Ella porta la llave a los otros mundos, como el mundo de los espíritus con los cuales la bruja se comunica. La idea de comunicarse con los muertos también se lleva a cabo en el festival de noviembre, conocida en Italia como "la fiesta de las sombras" o "*the Shadowfest*".

▪ **Saber sobre cosas escondidas:** Se refiere a las cualidades psíquicas de los brujos, como conocimiento ganado gracias a sus espíritus familiares. También se refiere a la creencia de la Edad Media de que las brujas podrían encontrar tesoros. O que las brujas podían atar a un espíritu a una piedra con un hoyo al centro y lo hacían revelar tesoros.

▪ **Llamar a los espíritus:** Son las invocaciones y las evocaciones usadas por las brujas. También se refiere al uso de espíritus familiares que ayudan. Las brujas tienen tratos con los espíritus de la tierra, el aire, el fuego y el agua.

▪ **Conocer la voz del viento**: Se refiere al comunicarse con las fuerzas de la naturaleza y escuchar a las voces de los espíritus en el aire quienes trasmiten sus mensajes mediante la "otra voz". También involucra al conocimiento enseñado en forma espiritual y no como entrenamiento formal. Las voces también pueden ser las de los ancestros.

- **Poseer el conocimiento de la transformación:** Se refiere al antiguo conocimiento de transformación de la bruja en pájaro, ratón o búho. Es el uso de la magia para formar y transformar. Esto está simbolizado en el caldero de la bruja que por mucho tiempo ha sido un símbolo de la transmutación.

- **Poseer el conocimiento de la adivinación:** Se refiere a la videncia o decir la fortuna. En la antigua Roma este tipo de personas era conocida como *saga*. Esta palabra es la raíz origen del término moderno de *sage*: una persona sabia.

- **Conocer y entender los signos secretos:** Se refiere al nivel del iniciado, que puede ser llamado conocimiento oculto que reside en la vieja tradición. También se refiere a la lectura de señales en el medio ambiente y presagios.

- **Curar enfermedades:** Se refiere a varias formas de conocimientos sobre herbolaria, así como el uso de energía mágica, técnicas de sanación enseñadas directamente por seres del otro mundo.

- **Crear belleza:** Se refiere al arte del *glamour*, que es una manifestación de una ilusión. También se refiere a la percepción de las cosas por su naturaleza y la facultad de revelar aquello que está velado para los ojos mundanos.

- **Tener influencia sobre bestias salvajes:** Las criaturas salvajes reconocen la pureza virginal del alma de la bruja. La vibración de la bruja no es predadora, al contrario, resuena con las energías de los campos y los bosques, lo que hace que los animales vean a la bruja como segura y con quien están a salvo.

- **Conocer los secretos de las manos:** Se refiere al arte de la quiromancia (*palmistry*), pero también al conocimiento de los gestos utilizando diferentes formas con nuestros dedos.

Estos son los dones de acuerdo con la Vieja tradición, los cuales no sólo son aceptados, son exaltados. La idea es llevar a cabo prácticas para ejercerlos con mayor conocimiento y experiencia.

En diferentes religiones han existido individuos que tienen estos dones, por ejemplo, José el soñador tenía el gran don de interpretar los sueños, que es el don de interpretar los símbolos con o sin entrenamiento previo. En la Biblia se habla de videntes y profetas, o de sanadores y así los encontramos en diferentes religiones. Incluso en el ocultismo se dice que mientras mayor santidad haya, más dones se presentan.

Los llamados "Avatares" tienen no solo uno, sino muchos dones exaltados y los aplican con una función de servicio.

Las facultades de la bruja

Una de las formas en las que siempre se identifica a una bruja es por sus dones psíquicos exaltados. Cuando alguien tiene alguna de estas facultades se le dice: "Eres bruj@".

He realizado una investigación acerca de las diferentes facultades que han tenido las brujas en cualquiera de sus acepciones y encontré quince (para una amplia explicación remitirse a mi libro "Soy Bruja").

El tipo de facultad puede ser identificada mediante ciertas señales en el cuerpo, también debido a ciertos gustos o habilidades que ya se traen desarrollados o se desarrollan mediante práctica y estudio.

Tal vez tengas alguno de los dones que te identifiquen con ellas.

1. HERBALISTA: Usa las plantas para sanación y hechizos, conoce sus secretos. LAVANDA

¿Te curas con plantas? ¿Usas la aromaterapia?

2. SANADORA: Dispuesta a ayudar, sabe mucho de sanación física, emocional, mental y espiritual. CIPRÉS

¿Usas algún método alternativo de sanación? ¿Usas plantas o cristales para curar enfermedades? ¿Investigas sobre enfermedades y todo tipo de curación?

3. ADIVINADORA: Practica las mancias como Tarot, café, runas, bola de cristal. ROMERO

¿Practicas alguna mancia?

4. PSÍQUICA: Percibe las vibraciones sutiles. Facultades extrasensoriales, es clarividente y más. SALVIA

¿Tienes percepciones extrasensoriales?

5. HECHICERA: Practica la magia natural y conjuros. ENEBRO

¿Alguna vez has encendido alguna vela o incienso con alguna intención? ¿Has hecho rituales?

6. NATURALISTA: Le encanta la naturaleza, la protege y a sus seres. Todo natural. MIRRA

¿Eres ecologista? ¿Comes natural?

7. MÍSTICA: Unión divina. Conexión, amor incondicional, misericordia, devoción. JAMÍN

¿Meditas? ¿Has sentido conexión divina fuerte?

8. ASTRÓLOGA: Conoce los secretos e influencias de los astros. MENTA

¿Te interesan las fases de la luna? ¿Te has hecho tu carta astral?

9. WITCHA: Practica la rueda del año y sigue la tradición Wicca. INCIENSO

¿Celebras los equinoccios, los solsticios, las cosechas y las lunas llenas? ¿Los ritos de paso? ¿Los celebras conforme a la tradición Wicca?

10. ESPIRITISTA: Se comunica con los espíritus. ÁRBOL DE LA VIDA

¿Te han visitado los muertos o has escuchado sus voces?

11. OCULTISTA: Poder receptor, estudios. Camino iniciático. NEROLI

¿Practicas Qabalah? ¿Sigues algún camino iniciático?

12. ALQUIMISTA: Transformación de sustancias y de su propio ser. ROSA

¿Te gusta preparar elíxires, mezclas e infusiones? ¿Llevas a cabo algún proceso de transformación profunda?

13. MAGA: Usa herramientas mágicas. Canales energéticos abiertos. Estudia los misterios. SÁNDALO

¿Usas vara, caldero y escoba? ¿Usas alguna técnica de manejo de energía?

14. CHAMANA/SACERDOTISA: Viaja entre los mundos, interpreta sueños, guía. ALBAHACA

¿Te gusta tocar los tambores para conectarte contigo misma y la Tierra? ¿Das clases de algo?

15. SABIA: Conoce los misterios. Es filósofa, le encanta estudiar, leer, saber. CEDRO

¿Cuánto lees? ¿Has estudiado Filosofía? ¿Te gusta mucho estudiar?

Los dones psíquicos

Enfocándonos específicamente en lo **psíquico**, aunque por supuesto no hay nada aislado. La psíquica es aquella que percibe las vibraciones más sutiles mediante los otros sentidos, por lo que es VIDENTE, MEDIUM, CLARIAUDIENTE, entre otras facultades.

Lo psíquico del griego ψυχή, *psyché*, «alma humana», es del alma, la mente o relacionado con ella; también es lo relacionado con las energías. Sin embargo, a nivel espiritual es la utilización de la percepción extrasensorial para identificar información oculta a los sentidos normales, particularmente involucra telepatía o clarividencia, o la persona que es psíquica realiza actos que aparentemente son inexplicables por las leyes naturales.

La bruja desarrolla sus poderes psíquicos, de inicio es médium, es decir, canaliza a espíritus y seres que se comunican a través de ella.

Desarrolla las facultades extrasensoriales denotadas muchas veces con *clary*-i "claro", que son de las más conocidas las siguientes:

- Clarividencia: Ver claramente.
- Clariaudiencia: Escuchar con claridad.
- Clariseciencia: Sentir claramente o presentir con claridad.
- Claricognisencia: Claro conocimiento.
- Clarigustiencia o hipergeusia: Gusto claro.
- Hipergeusia (Clarioliencia): Oler con claridad.
- Clariempatía: Clara emoción.
- Claritangencia: Toque claro.

Algunos otros de los más conocidos son telepatía y psicoquinesis o telequinesis.

Hay otro tipo de dones vinculados con el psiquismo, pero los ya mencionados son los principales.

Como hemos señalado, el desarrollo de los mismos es consecuencia de la elevación espiritual de la Bruja, su práctica y muchas veces los trae de vidas pasadas, siempre son para ayudar a quien lo necesite.

El aceite esencial de salvia es el que ayuda a activar el psiquismo, úsalo en tus manos y en tu tercer ojo. También lo puedes ingerir si su calidad lo permite, como los de DoTerra.

En general el **psiquismo** es ser una interfase entre las energías que fluyen en el universo y el mundo manifiesto, se cuenta con la llave para revelar los secretos más íntimos de otras dimensiones, accesando a planos paranormales.

Durante mucho tiempo los poderes psíquicos han sido descalificados y relacionados con lo malo o demoniaco. Todos tenemos estos poderes, el temor y desconocimiento de cómo manejarlos, así como el poder que da a la persona de sanar y ayudar a otros es lo que fue sofocado y negado y limitó esta sabiduría por cientos de años.

No vamos a negar que han habido personas que abusan de estos poderes, pero eso no es cualidad del poder en sí.

Los dones psíquicos nos dan la posibilidad de conocer mundos desconocidos y no visibles a los simples ojos materiales. Nos revelan información escondida para muchos.

Los ocultistas, alquimistas, magos y filósofos creen en la energía cósmica accesible para todos, sólo que hay un camino seguro para acceder a ella y manejarla de modo adecuado, por ello es más bien un camino "oculto".

Los dones materiales

En el mundo cotidiano, en primera instancia tenemos los dones materiales, como cualidades de pensamiento y habilidades físicas de una persona, la persona puede ya nacer con ellos o éstos pueden desarrollarse mediante el conocimiento y la práctica, son dones que nos sirven para funcionar en este mundo material, para nuestro mundo social. Tales son como habilidades extraordinarias para las matemáticas, la filosofía, liderazgo, elocuencia, las ciencias en general, incluso habilidades manuales, o físicas como correr velozmente.

Estos, además de estar vinculados con las habilidades que tiene de manera natural una persona o que puede adquirir con facilidad, tienen que ver también con su misión de vida y los siete caminos de equilibrio, son 7. Son facultades que el individuo tiene y que no sólo necesita cultivar en sí misma, necesitan inspirarlas en los demás; sin embargo, esto sucede sin esfuerzo, porque cuando la persona está armonizada, el simple hecho de su compañía nos activa tal cualidad. Esta es una chispa divina, así como existen los 7 pecados capitales, existen también estos 7 caminos de equilibrio que nos ayudan a seguir adelante:

1. **Paz:** es guardar la calma, estar en tranquilidad, disfrutar la vida sin preocupaciones.

2. **Esperanza:** saber que se va a estar mejor, que se encenderá una luz en la oscuridad.

3. **Alegría:** se da alegría a otros, se es positivo, se hace reír.

4. **Fe:** es creer en algo superior, creer que vas a estar bien.

5. **Certeza:** es tener la seguridad de hacer lo correcto, de tomar las correctas decisiones. Sentirse a salvo.

6. **Sabiduría:** implica que se debe saber mucho sobre muchos temas, estudiar y aprender es una labor de toda una vida.

7. **Amor:** amar incondicionalmente, ser amable, sacar una sonrisa de las personas, sin esperar algo a cambio, ayudar siempre a otros.

Identifica el tuyo, lo puedes hacer mediante el péndulo o respuesta muscular.

Como señalé, también tienen que ver con la misión de vida. He desarrollado un método para encontrar el sentido y misión de vida que podrás consultar en mis publicaciones. A lo que voy en este momento es que una vez que has identificado tu misión de vida (tarea de nuestra labor aquí en la Tierra), exaltas lo mejor de ti mismo, desarrollas tus virtudes y todo lo demás viene por añadidura.

Estos dones los podemos identificar en una carta astrológica mediante los aspectos de **Júpiter**, que son los dones que traemos para enfrentar las adversidades, en mi libro ***Astrología, tus dones y conexión espiritual***, puedes consultar sobre este tema.

Una vez que hemos reconocido nuestras cualidades empezamos a crecer, a engrandecernos, a alimentarnos de una energía y fuerza superior, a través de la inspiración y del reconocimiento.

Miramos más lejos de nosotros y comenzamos a darnos cuenta de que hay algo más. Una vez que nos hemos mirado adentro, ahora corresponde mirar afuera y aquí tenemos a esta figura dadora: Júpiter, Zeus o el padre que está ahí dispuesto a jalarnos de la mano o darnos un empujón. El rey que está dispuesto a darnos de sus dones, es la mónada más grande a la que pertenecemos y las cualidades que compartimos y podemos potencializar como seres divinos. Por ello Júpiter es el regalo que tenemos, "el don". También, como Sagitario, es aquello a lo que aspiramos porque nos es familiar, lo que el padre está dispuesto a dar y nos ha heredado para ser utilizado.

Para integrar bien el don, lo mezclaremos con todo lo que indique Quirón.

Es importante que verifiques en tu carta astrológica en qué signo y casa tienes a tu Júpiter. En la siguiente explicación, la primera parte es una aproximación a la casa en la que se encuentra Júpiter y la segunda parte de la explicación es Júpiter en cada signo.

Júpiter en casa I o en Aries. Es el niño prodigio, lo que toca lo transmuta en luz. Lo mismo veremos en Aries. Mucha luz, son como fuentes de poder.

Júpiter en casa II o en Tauro. El don de trabajar con el cuerpo, con los valores de los demás, ayudar a otros a valorarse, y entender los valores supremos. / En Tauro, don de trabajar con el cuerpo y sacar su máximo potencial, don de sacar lo bello.

Júpiter en casa III o en Géminis. El don de la palabra y de ayudar a otros a través de la palabra. El don del conocimiento y versatilidad.

Júpiter en casa IV o en Cáncer. El don de la contención, de proteger y contener a otros. El don de tocar el alma del otro.

Júpiter en casa V o en Leo. El don de generar y multiplicar la luz, el don de ser fuente de luz. El don de ser seguido, el romántico que atrae. En Leo es el líder carismático.

Júpiter en casa VI o en Virgo. El don de sanar, el don de servicio a otros compasivamente, el don de dar bendiciones. En Virgo es el don del conocimiento de la medicina holística de forma natural.

Júpiter en casa VII o en Libra. El don de convocar a personas y que trabajen estrechamente con ellos, el don de encantar, el don de la conquista romántica. En Libra, el don de la palabra del convencimiento y de ver lo justo.

Júpiter en casa VIII o en Escorpio. El don de la magia, del conocimiento oculto, de lo detectivesco, de entender las profundidades de la existencia. En Escorpio, el don de transmutar a otros, el don de mirar a la oscuridad y no temerle.

Júpiter en casa IX o en Sagitario. El don de la trasmisión de la espiritualidad, el don del entendimiento y la transmisión de los mensajes de los dioses y del Espíritu. El don de ser líder espiritual y enseñar a otros (El hierofante). En Sagitario el don de la inspiración.

Júpiter en casa X o en Capricornio. El don de ser líder, el don de dar estructura a las cosas, de poner orden y de que te obedezcan. En Capricornio el don de ser seguido, de ser autoridad.

Júpiter en casa XI o en Acuario. El don de romper con viejos esquemas, el don de que lo que estaba oculto salga a la luz, el don de la videncia del futuro. En Acuario el don de mover masas siendo carismático.

Júpiter en casa XII o en Piscis. El don de conocer y sentir a la divinidad, a Dios, el don de la misericordia y la compasión, el don de tocar el fondo del alma de toda la humanidad. En Piscis el don de la profecía.

Dependiendo de los **aspectos positivos** que tenga este planeta, veremos que se activan otros dones, tomando en cuenta el regente del signo como planeta.

Si tenemos **aspectos de reto** (cuadraturas y oposiciones) nos costará más trabajo activar esos dones, ya que al principio ni siquiera los veremos y nos fastidiarán, incluso serán nuestros obstáculos; pero una vez que hayamos trabajado nuestro Saturno, y que nos encaminemos hacia el nodo norte, esos dones se activarán de forma impresionante. Junto con el camino espiritual vienen los dones y se van activando solos, ya que son regalos, sólo nos toca destaparlos de su caja.

La misión mediante una combinación de la casa X, el nodo y otros aspectos.

Aunque hay algunos materiales que se mezclan con los psíquicos, algunos aspectos astrológicos nos pueden indicar los dones. En mi libro de ***Astrología*** podrás también encontrar sobre aspectos mágicos y psíquicos de los planetas.

Desarrollo de los dones

En el ocultismo, los dones o estas facultades pueden ser desarrollados mediante la práctica. Hay seres que ya traen estas cualidades; sin embargo, los magos y las magas se van entrenando para tenerlos como herramienta de contacto con las esferas interiores, son el vehículo de acceso a un tipo de conocimiento sublime y también de autoconocimiento para lograr la divinización del ser.

Desde el punto de vista cuántico, el pasado y el futuro están aquí, ahora y el espacio es una percepción, por lo tanto, si rompemos las barreras de nuestras limitaciones, podemos acceder a información independientemente del tiempo y del espacio.

Los dones, siguiendo nuestra visión, se desarrollan mientras la persona va alineándose con las fuerzas divinas y con el despertar de la conciencia, siempre hay un motivo por el cual se despiertan, se convierten, como hemos señalado en herramientas para lograr la divinización, que es parte de un plan perfecto. ¿Qué tanta perfección tendrá este plan y cuál será el resultado? Eso depende de nuestro desarrollo individual y grupal.

Hay diferentes maneras de acercamiento a la verdad; sin embargo, estamos acostumbrados a utilizar sólo un método, el científico, pero no es el único, estamos ya rompiendo con los paradigmas de la ciencia y la religión. No podemos negar que el dogma de las religiones judeocristianas ha trascendido, y aunque ya no se practica tanto en nuestros días, quedan en nuestro inconsciente temores de herejía y de falsas creencias que encuentran el origen de este tipo de dones, ya que se considera su existencia por influencia de demonios, entidades sobrenaturales o por efecto alucinatorio de enfermedades mentales. Estas capacidades sobre-humanas no han sido aún reconocidas, creo que todos conocemos a alguien, si no es que incluso, nosotros mismos, que hemos sufrido este tipo de experiencias extraordinarias. Añadamos la idea de que la bruja se considera mala, ignorante y supersticiosa, creencia derivada de la masacre y aberración durante los procesos en la Santa Inquisición. Estos temores y limitaciones cuyo origen son la negación y las falsas creencias, aunados a la ignorancia, están muy presentes en la actualidad en nuestra memoria colectiva y son la causa de que no se haya estudiado más sobre ellos usando métodos alternativos de acercamiento.

Hay una serie de situaciones que nos suceden todo el tiempo, el problema es que no se ha ahondado al respecto, ese tipo de pregunta tiene que ver con el sueño y es algo normal. Debido al gran desconocimiento en el que se ha sumergido nuestra cultura en general, este tipo de situaciones siguen siendo un enigma, cuando considero que debería ser más que investigado.

Dones comunes y conceptos

Dentro de los principales dones con los que se caracteriza a las brujas tenemos la adivinación. Sin embargo, es un don del que se derivan una amplia gama de otras facultades. Revisaremos concepto por concepto.

Adivinación

En algún tiempo se equiparó la **videncia** con la **adivinación**, que es la habilidad de quienes afirman poder predecir hechos venideros por sí mismos o mediante el uso de sortilegios. **Videncia** o **clarividencia**, también llamada **adivinación** es la cualidad que poseerían los adivinos. Los adivinadores en la antigüedad poseían un estatus especial, eran amados o temidos, se les tenía mucho respeto.

La adivinación se dice, es tan antigua como la humanidad. Se sabe de su existencia desde 5,000 AC años en los caldeos quienes también usaban la quiromancia y la astrología como artes advinatorias.

Sortilegio

Al **sortilegio** se le consideraba la práctica de la adivinación del futuro mediante artes mágicas (la palabra se deriva del latín *sortis*, suerte, y *legĕre*, leer). No obstante, en la época moderna y contemporánea, el término *sortilegio* se ha convertido generalmente en sinónimo de hechizo o **hechizamiento**, mientras que para la adivinación en sus distintas formas se ha adoptado el término videncia.

Clarividencia

La **clarividencia** es la capacidad de percepción extrasensorial que permitiría a algunas personas recibir información de acontecimientos futuros.

Oráculos o mancias

Los oráculos son herramientas de las predicciones, pero abren la puerta a la videncia.

Los oráculos no se proponen tanto cambiar las leyes del mundo, como desvelar sus potencialidades.

Casi todo ha sido usado para interrogar al futuro porque se usan objetos, colores, piedras, etc. En el aparatado siguiente profundizamos en ellas.

Precognición

Precognición significa estar consciente del futuro, mediante el conocimiento directo u otro tipo de percepción, como los sueños.

La mayoría de experiencias precognitivas suceden en los sueños y muchas ocurren entre las 24 y 48 horas antes del suceso.

Premonición

Implica la sensación de que algo puede pasar, pero no el conocimiento de lo que es exactamente. Las premoniciones pueden incluir la sensación de presentimiento o "corazonadas" de que algo "se siente bien o mal". Estas pueden ser tan importantes como la precognición y mucho más confiables. La premonición surge de manera involuntaria, ya que no se tiene control sobre de ella.

Profecía

Se refiere a la antigua noción griega del tiempo en la cual el futuro es fijo e inmutable. Una profecía es el conocimiento de un futuro que sin lugar a dudas sucederá. Es decir, si algo es una profecía, entonces no se puede cambiar.

A los que dicen las profecías se les denomina profetas, no adivinadores, porque tienen el conocimiento del mundo, son fenómenos que con seguridad sucederán y se dicen mensajes divinos que repercuten en toda la humanidad o personajes importantes.

Las mancias

Están dentro del arte de la adivinación son un don del espíritu, el número 3. Con las mancias se predice el futuro; se utilizan herramientas u oráculos para predecir.

La adivinación forma parte fundamental en la tradición de la bruja. Ella misma se convierte en oráculo, sabe sobre el futuro. Sabe sobre distintas mancias. Al tener la extrasensibilidad o clarisensencia, siente y sabe lo que le pasa a otros y en el entorno.

Según el diccionario de la Real Academia de la Lengua, mancia significa "adivinación" o "práctica de predecir". Proviene del griego "*manteia*". Utilizamos este término para denominar a las técnicas de adivinación o predicción del futuro.

Existen infinidad de mancias diferentes que se vienen utilizando desde el inicio de la civilización y que son muy conocidas, como podrían ser las cartas del Tarot (cartomancia), la quiromancia (manos), las runas, el agua, las velas, el café o la bola de cristal. Los sabios de pueblos antiguos como los caldeos, los babilonios o los árabes, utilizaban estas técnicas para hacer predicciones. A ellos acudían personas de todo tipo para recibir consejo y una guía para las decisiones importantes que tenían que tomar en sus vidas. Desde campesinos hasta reyes y dirigentes militares buscaban ser ayudados por medio de las mancias.

La adivinadora sabe del presente, pasado y futuro a través de ellas (mancias), haciendo uso de herramientas predictivas, por lo que es TAROTISTA, lee el CAFÉ, es QUIROMANTE, entre otras.

Mancias más conocidas:

Tarot

El Tarot es uno de los métodos de adivinación más conocidos y practicados actualmente, aunque no goza de tanta antigüedad como otros, teniendo su origen hace apenas más de 500 años.

Su popularidad es causada a la facilidad con la que puede ser practicado, pues sólo necesitamos una baraja de cartas. Pese a que existen varios tipos de Tarot, con imágenes distintas, todos se basan en los 22 arquetipos o arcanos mayores. Hay que barajarlas y situarlas sobre un sitio plano, y dependiendo de dichas cartas y en qué posición se encuentran, serán capaces de decirnos una cosa u otra.

Quiromancia

La quiromancia es la adivinación a través de las manos de una persona mediante su forma, líneas, montes y otros rasgos que la conforman. Al igual que ocurre con el Tarot, es uno de los métodos más comunes hoy en día a causa de la facilidad para ser realizado.

De hecho, este método ha sido siempre tan popular que existe incluso en Londres desde el siglo XIX una sociedad exclusiva de quiromancia. Muchos personajes famosos han sido sometidos a este método por auténticos conocedores de este arte pertenecientes a esta sociedad y quedando asombrados de su efectividad.

La Quiromancia es una visión introspectiva de nuestro carácter más profundo, de nuestras necesidades y deseos, y de nuestra actitud frente a circunstancias presentes.

Permite diagnosticar problemas recurrentes en nuestras relaciones. Reconocer comportamientos propios. Reafirmarnos en cuanto a nuestros talentos, desafíos y posibilidades. No proporciona nombres precisos ni detalles de lugares o personas que entrarán en nuestra vida.

Péndulo

El péndulo ha sido usado durante la historia por multitud de culturas, simplemente consiste en atar a una fina cuerda un objeto con ciertas propiedades. Se suele colocar un mineral que cumple unos requisitos y funciona a través del campo electromágnetico que se ejerce sobre él.

Esto es así porque todo lo que existe en el mundo —hasta el propio planeta en sí— funciona a través de electromagnetismo, algo que no podemos ver con nuestra limitada visión. Este campo magnético actúa sobre el material en cuestión develándonos eventos del futuro y pasado.

Cafeomancia

Se trata de una de las mancias menos conocidas y más antiguas que se conoce. Consiste en adivinar el futuro, presente y pasado de una persona a través de los restos del café.

Bastará una taza de café y la persona que se quiera adivinar su vida, una vez que se haya bebido el café, éste dejará unas manchas u otras dependiendo de cómo se lo haya bebido y por tanto haya traspasado su energía (ADN) a estos rastros de café. Se coloca la taza volteada en su plato, aunque también se uede leer el café americano sin el uso de un plato. En el plato se lee el pasado remoto, en la parte exterior de la taza el pasado reciente, en la parte exterior cerca del borde se lee la dirección y en el interior de la taza se lee el futuro.

La taza se divide en cuatro cuadrantes o "Naucalpan" que quiere decir "las cuatro casas". La parte donde está el aza es la espiritual, la de la derecha es la personal-sentimental, la contraria al aza es la familiar, y la parte izquierda es la económico-laboral.

Runas

Es la escritura basada en trazos gráficos, originada en Escandinavia. En la antigüedad se llamaba runa a lo desconocido. Era el lenguaje escrito de los nórdicos nombrado futhark. Los vikingos, celtas y germanos las utilizaban para engrandecer y darle cualidades a los objetos y acciones.

Además de ser un sistema escrito, eran un sistema oracular y mágico. Daban consejos. Se utiliza como método predictivo, pues cada runa se relaciona con un arcano de tarot y además son utilizadas en meditación y magia, pues atraen las fuerzas que simbolizan.

Tabacomancia

La tabacomancia es la adivinación a través del humo y ceniza producido por el tabaco. Aquí puede valer tanto un cigarro normal como un puro, de hecho, esta técnica no es tan desconocida en zonas como Cuba, donde hay una alta tradición a fumar en puro.

Para proceder con este rito, el sujeto debe fumar del cigarro o puro y no arrojar nunca las primeras cenizas que produce, ya que aquí se hallan varios partes claves para poder arrojar ciertos datos. Es habitual fijarte si en la punta se producen los llamados puntos negros que, dependiendo del tamaño y cantidad nos indicará una cosa u otra.

Aritmomancia

La aritmomancia, también conocida como numerología, es el arte de predecir el futuro mediante el empleo de los números. Se calcula que tiene una antigüedad de más de dos mil años, pues tanto la escuela platónica como pitagórica la utilizaban.

Para su empleo se trata de coger el nombre de una persona y asignar a cada letra un valor numérico del 0 al 9. Según la suma total o la distribución de cada letra asignada a una cifra podemos interpretar tanto la personalidad como el futuro.

Lista de mancias

Aeromancia.- Arte de adivinar por medio de los fenómenos de la atmósfera. Se practicaba de diferentes maneras. Unas veces se deducía de la observación de los meteoros, como de truenos, rayos, y otras de la aparición de los espectros que se creía ver en el aire; otras del aspecto favorable o adverso de los planetas, etc.

En virtud de esta adivinación es el que un cometa anuncia la muerte de un gran personaje, sin embargo, estos presagios extraordinarios pertenecen a la Teratoscopia.

Francisco de la Torreblanca dice que la Aeromancia es el arte de decir la buenaventura, haciendo aparecer espectros en los aires, o representando, ayudado de los demonios, los acontecimientos futuros en una nube, como en una linterna mágica "En cuanto a los relámpagos y truenos —añade este—, pertenecen a los augures; y los aspectos del cielo y los planetas pertenecen a la astrología.

Alectomancia.- La alectomancia, o también llamada alectriomancia, es una mancia poco conocida en países de Europa pero sin embargo muy usada en ciertas zonas de África y se hace uso de un gallo y de los granos que se utilizan para alimentar a este gallo. Los gallos son considerados en algunas regiones como animales que portan cierto poder.

Consiste en lanzar, donde se sitúa al gallo, estos granos al suelo de una determinada manera, entonces el animal empieza a comérselos. Según los granos que se haya comido y la forma que se haya creado en el espacio vacío, se procederá a su interpretación. También se formaba un círculo en el suelo, dividida en casillas, en cada una de las cuales se escribía una letra del alfabeto, colocándose encima de ella un grano de trigo. Hecho esto, se ponía un gallo en medio del círculo y se observaban los granos que iba comiendo y por el orden que lo hacía, se formaba una palabra con las letras, de la que se deducían luego los pronósticos.

Aleuromancia.- Adivinación que se practicaba por la harina. Metíanse cedulillas arrolladas en un montón de harina, meneándolo por nueve veces de una parte a otra; repartíase en seguida la masa a los diferentes curiosos y cada uno razonaba o soñaba según la cedulilla que le había tocado en suerte.

Alfitomancia.- Adivinación por medio del pan de cebada, y consistía en hacer comer al sujeto a quien se quería sacar una confesión, un pedazo de pan o torta hecho de harina de cebada, sobre la que se habían practicado ciertas ceremonias. Si el que la comía, la digería sin trabajo manifiesto, era considerado inocente, y si sucedía lo contrario, se le conceptuaba culpable.

Alomancia.- Adivinación por la sal, cuyos procederes son bastantes desconocidos. Asegúrase que el derribar un salero es de muy mal augurio, pues los antiguos creían que la sal era sagrada y divina.

Alquimia.- Disciplina que pretende transformar la materia en metales nobles, es la aplicación de la filosofía hermética, está involucrada en la transformación espiritual del alquimista, requisito indispensable para conseguir la transformación, llamada LA GRAN OBRA, investiga además temas como la piedra filosofal, el elixir de la vida y las panaceas universales; proviene de Oriente y es una de las disciplinas madres de las posteriores sociedades secretas, su conocimiento en simbolismo nunca más fue alcanzado, pero se lograron reales transmutaciones y sus técnicas adivinatorias fueron realmente precisas, siendo algunos sistemas de predicción imposibles de descifrar aun hoy.

Amniomancia.- Especie de adivinación que se hacía por medio de la membrana con que algunas veces se halla envuelta la cabeza de los niños al nacer, las matronas predicen la futura suerte del recién nacido con la inspección de esta toca, que anuncia feliz destino si es de color de plomo. Los abogados compraban antiguamente, a precios altos, estas membranas, por la preocupación de que con ellas tendrían sus causas el éxito más feliz; y es de donde deriva el proverbio: nace vestido, que se aplica a un hombre a quien todo le sale bien.

Antropomancia. - Es una de las mancias más antiguas que se conocen. Es la adivinación por medio de la inspección de las entrañas humanas. Se puede catalogar incluso de una mancia perteneciente a la magia negra, pues consiste en profetizar el futuro a través de las vísceras de seres vivos. Esta horrible práctica era ya conocida mucho tiempo antes de Homero. Aunque la historia más famosa de la antropomancia se refiere a Herodoto que, detenido Menelao por vientos contrarios en Egipto, sacrificó a dos niños para poder averiguar su futuro en Egipto, buscando en sus palpitantes entrañas la aclaración de su destino.

Este arte se practicaba por los antiguos romanos sacrificando sobretodo a vacas y observando luego en qué estado y cómo estaban los órganos.

Apantomancia. - Se llamaba así la adivinación sacada de los objetos o cosas que se presentan de improviso, tales como los presagios que se sacan del encuentro de una liebre, de un águila etc. Gasendi decía de Ticho-Brahe, que este insigne astrónomo si al salir de casa tropezaba con una vieja, lo interpretaba por mal agüero y regularmente desistía de la empresa que tuviera en proyecto; el historiador Luis XI de Francia refiere que el conde de Annagnac tenía por infausto el encuentro de cualquier inglés.

Aritmomancia. - Adivinación por medio de los números, se distinguían dos especies, la primera estaba en uso entre los griegos, los cuales consideraban el número y el valor de las letras que componían los nombres, por ejemplo: de dos combatientes, y aseguraban que aquel cuyo nombre contaba mayor número de letras y de más valor, reportaría una victoria. Por esta razón decían que Héctor debía ser vencido por Aquiles. La otra suerte de adivinación era conocida de los caldeos, los cuales dividían su alfabeto en tres décadas, compuesta cada una de siete letras, las que atribuían a los siete planetas para sacar presagios. Los platónicos y los pitagóricos eran muy dados a esta especie de adivinación.

Armomancia. - Adivinación practicada por la inspección de las espaldas. Se juzga aún hoy día que un hombre de anchas espaldas es más apto para los combates de amor que uno de pecho estrecho.

Aspidomancia.- Se llama aspidomancia (de la palabra griega "aspis" significando escudo) y es una forma de adivinación basada en la interpretación de patrones en un escudo. Leer los patrones se creía que daba alguna idea sobre el futuro. Los lectores estudian el escudo buscando un patrón que pueda representar símbolos o imágenes y los interpretan como pistas que indican lo que va a pasar en el futuro.

La aspidomancia también puede referirse al método de adivinación consistente en sentarse sobre un escudo y recitar encantamientos para convocar a una entidad o entrar en trance, con el fin de ganar conocimiento. Este método fue descrito inicialmente en el siglo XVII por el escritor francés Pierre de Lancre.

Astragalomancia.- Adivinación por los dados. Se toman los dados marcados como de costumbre con los números 1,2,3,4,5 y 6, las doce caras. Se puede arrojar si se quiere un dado sólo o dos a la vez. Quien quería adivinar un negocio que le preocupaba o penetrar los secretos del porvenir, empezaba dibujando la pregunta sobre un papel, el cual se habría pasado por el humo de la madera de jengibre; luego se colocaba este papel con el escrito mirando hacia abajo, encima de la mesa, de manera que lo escrito no se viera y entonces se tiraban los dados. Se escriben las letras a medida que se vayan presentando, y combinándose daban la contestación que era buscada.

El 1 equivale a la A; el 2 a la E; el 3 a la I; el 4 a la O, el 5 a U; el 6 a la B o P o V; el 7 a la C o K o Q, el 8 a la D o la T; el 9 a la F, la S, la X, o Z; el 10 a la G, J; el 11 a la L, la M o la N; y al 12 a la R.

Se echa generalmente un dado y luego alternativamente los dos al mismo tiempo. Si la contestación es oscura no se debe admirar, pues la suerte algunas veces solo da iniciales; y si no se puede comprender nada, se recurre a otras adivinaciones. La letra H no está marcada porque no es necesaria. Las reglas de la suerte no necesitan estar sometidas a la ortografía; la Ph se expresa muy bien con la F, y la Ch con la K.

Astrología.- Adivinación según las divisiones del cielo y las posiciones de los astros. La primera ciencia mágica y la primera ciencia practicada por los caldeos, en la actualidad se han redescubierto los distintos tipos de Astrología que practicaban cada pueblo, según su propio calendario y sistema, así hoy sabemos de la Astrología lunar china, la Astrología maya, la Astrología azteca y la Astrología escandinava.

Axinomancia. - Adivinación por medio del hacha de un leñador, con la cual algunos adivinos predijeron la ruina del templo de Jerusalén, como se ve en el salmo 73. Se conocen dos medios empleados abiertamente en la antigüedad y practicados aún hoy día en algunos pueblos del Norte:

1) Cuando se quiere descubrir un tesoro, es necesario procurarse una gata redonda, caldear al Fuego el hierro del hacha y colocando el corte muy perpendicular en el aire, se pone encima de la gata. Si se sostiene, no existe tesoro; si cae y rueda con rapidez, se vuelve a colocar por tres veces más, y si en esas tres veces rueda hacia el mismo lugar, es señal de que allí hay un tesoro; pero si cada vez toma un camino diferente, se tiene que buscar en otra parte.

2) Cuando se desea descubrir a unos ladrones, se coloca el hacha en la tierra, poniendo debajo el hierro y el cabo del mango perpendicular en el aire. Se baila a su alrededor hasta que el mango se conmueva y el hacha caiga, y entonces el cabo del mango indica la dirección en la que es necesario ir en busca de los ladrones. Algunos dicen que, para esto, es necesario que el hierro del hacha esté fijo en un botecito redondo, lo que es muy absurdo, como afirma Delancre, porque "¿Qué medio hay para fijar el hacha en un bote redondo, sin rascar o romper tal bote?".

Belomancia. - Adivinación por medio de las flechas. Los que recurrían a ella tomaban muchas flechas, sobre las que escribían contestaciones relativas a su proyecto mezclando las favorables con las contrarias; en seguida, se sacaban al acaso, y la que salía, era mirada como el órgano de la voluntad de los dioses a quienes se precisaba, por todas partes, a contestar mil veces al día, sobre las más frívolas preguntas de los indiscretos mortales. Principalmente, antes de sus expediciones militares, era cuando se hacía más uso de la belomancia. Los caldeos tenían mucha fe en esta adivinación. Los rabes adivinan por medio de tres flechas, que encierran en un saco, escriben en unas "matadme, señor", en otra " Señor, guárdame", y en la tercera no escriben nada; la primera flecha que sale del saco determina la resolución sobre la cual se delibera.

Bibliomancia.- Adivinación que se usaba antiguamente para conocer a los hechizados; consistía en poner, en un plato de la balanza, a la persona sospechada de magia y en el otro, la Biblia con un algún peso. Si la persona pesaba menos, era considerada inocente; si pesaba más, era tenida por culpable.

Botanomancia. - La botanomancia, como su nombre indica, consiste en la adivinación por medio de plantas. Estos seres, que han estado desde el inicio de la historia, no sólo se han usado para diversos usos medicinales, sino que sirvieron a los sabios como método para leer el futuro.

Aunque la utilización y los tipos de plantas que se usan pueden ser muy diversas, el más usado consiste en plantar cualquier semilla y observar el tipo de crecimiento y las formas que se generan en sus hojas. Se trata de una de las mancias más complejas de comprender.

En algunas ocasiones, se usaba la adivinación por medio de hojas o ramas de verbena o brezo, sobre las que los antiguos grababan los nombres y preguntas de los consultantes. Adivinando a base de esta suerte: cuando hacia un fuerte viento por la noche, iban a ver muy de mañana la disposición de las hojas caídas, y los adivinos ápredecían o declaraban por aquel medio lo que el pueblo deseaba saber.

Brisomancia.- Adivinación por la inspiración de Brizo, diosa del sueño, o sea, arte de adivinar las cosas futuras u ocultas por medio de los sueños naturales.

Cábala. - La ciencia suprema de los judíos, estudia los misterios de la divinidad, sus facultades y potencias, el modo como fue creado el universo y como aprovechar las fuerzas de la naturaleza.

Caomancia.- Arte de predecir lo futuro por medio de las observaciones que se hacen sobre el aire. Esta adivinación es empleada por algunos alquimistas que nos han confiado el secreto.

Capomancia.- Adivinación por medio del humo. Los antiguos se valían de ella muy frecuentemente; quemaban verbena y otras yerbas sagradas y observaban el humo de este fuego, las figuras y la dirección que tomaban, para sacar de ello presagios. Se istinguían dos especies de capomancias, una se practicaba echando algunos granos de jazmín o de adormidera, notando el humo que de ello salía; la otra, que era la más usada, se hacía del modo que hemos indicado, y consistía también en examinar en el humo de los sacrificios. Cuando era ligero y poco denso, se tenía por buen agüero. Respiraban este humo y creían haber recibido inspiraciones.

Cartomancia.- Adivinación por medio de los naipes o cartas de juego que cuenta en la actualidad con cientos de ramificaciones, con el uso de las cartas francesas de Poker, la baraja española, los 12 sistemas distintos de Tarot, las Cartas Zenner, Runas, etc.

Catropomancia.- Adivinación por medio de la inspección de los espejos; en esta adivinación, se hacía uso de un espejo que se presentaba, no delante de los ojos, sino detrás de la cabeza de un niño al que antes se habían vendado los ojos. Pausanias habla en otros términos de la catropomancia, había en Patras, dice del templo de Ceres una fuente separada de él por una muralla en ella, se consultaba un oráculo, no para todos los sucesos, sino solo para las enfermedades. El enfermo bajaba a la fuente su espejo suspendido de un hilo de modo que no tocase la superficie del agua, sino por su base. Después de haber rogado a la diosa y quemado en su honor perfumes, se miraba en este espejo. Y, según se hallaba el rostro, pálido y desfigurado o colorado y rollizo, sabía positivamente si la enfermedad era mortal o si sanaría de ella. Practicada principalmente por los magos.

Ceromancia. – También llamada **licomancia** es la adivinación por medio de la cera. Se pueden leer las gotas de cera que caen derretidas en un vaso de agua o en un caldero de agua, para sacar, según las figuras que formaban estas gotas, presagios venturosos o aciagos. Los turcos procuraban descubrir las crímenes y robos por este medio; hacían derretir a fuego lento un pedazo de cera, murmurando algunas palabras; lo quitaban después del brasero y hallaban las figuras que indicaban el ladrón, su casa y su guarida. En la Alsacia, en el siglo XV, y tal vez aun hoy en día, cuando hay un enfermo y las buenas mujeres quieren averiguar qué santo le envió la enfermedad, toman tantos cirios de igual peso, de cuantos santos sospechan, y aquel cuyo cirio se consumió primero es tenido por el autor del mal.

Cledonismancia.- Especie de adivinación deducida de ciertas palabras, que proferidas y oídas en determinadas ocasiones, eran tenidas por buen o mal agüero. Estas palabras se llaman *ottai, kledones,* de *Kaleo* o *phemai*, de *phamai*, que quiere decir “hablar”. Según Pausanias, esta especie de adivinación estaba particularmente en uso en Smirna y su invención se atribuía a Ceres.

Las palabras mal sonantes se llaman *kakaï'ottai, moloe* que es “voces” o *dysphemein,* y el que las profería era reputado *blaphemein.* Esta especie de términos o palabras se evitaba con escrupuloso cuidado, especialmente en la celebración de los misterios. Cicerón dice que los pitagóricos solían prestar una seria y minuciosa atención a las palabras que proferían los hombres, igualmente que a las de los dioses. Los romanos, extremadamente supersticiosos, tomaban por buen o mal agüero las palabras que se pronunciaban casualmente en un convivio u otra reunión, por ejemplo, las de victoria, felicidad, incendio, muerte, etc.

Cleidomancia.- Adivinación por medio de las llaves. Delirio y Delancre dicen que se emplea para encubrir al autor de un robo o de un asesinato. Se enroscaba alrededor de la base de la llave, un billete que contenía el nombre de la persona sospechada y se colocaba en la base de una Biblia, que una joven virgen tenía en la mano. El adivino murmuraba en voz baja el nombre de las personas sospechosas y veía el papel desenroscarse y moverse sensiblemente. Otra manera es pegar fuertemente una llave en la primera página del evangelio de San Juan "*in principio erat verbo*", se cerraba el libro y se ataba estrechamente con una cuerda de modo que el anillo de la llave saliera hacia afuera, la persona que quiere por este medio descubrir algún secreto pone el dedo en el anillo pronunciando en voz baja el nombre que se sospecha, si este es inocente la llave permanece inmóvil, pero si es culpable, rueda con tal violencia que rompe la cuerda que ata el libro, los cosacos y los rusos empleaban frecuentemente esta adivinación, sobre todo para descubrir los tesoros; y están persuadidos de que, donde los hay, la llave de vueltas.

Cleromancia.- Arte de predecir lo futuro echando suerte con dados, con huesecillos, con habas blancas y negras. Antiguamente se agitaban en un vaso y después de haber rogado a los dioses, los echaban sobre una mesa y predecían el porvenir según la disposición de los objetos. Había en Bura, ciudad de la Acaya un oráculo de Hércules que se interpretaba sobre un tablero, con cuatro dados; el peregrino, después de haber orado los arrojaba; el sacerdote observaba los puntos y de ellos sacaba las conjeturas de lo qué debía suceder. Era preciso que los dados fuesen hechos de huesos de animales sacrificados. Más comúnmente escribían sobre huesecillos o sobre pequeñas tablillas, que se metían en una urna; en seguida hacían sacar una por el primer muchacho que hallaban, y si la inscripción que salía en la suerte tenía alguna conexión con lo que se quería saber, era una profecía cierta.

Cosquinomancia.- Especie de adivinación por medio de una criba, de un cedazo o de un tamiz. Se colocaba la criba sobre unas tenazas que se cogían con dos dedos y en seguida se nombraban las personas sospechadas de hurto u otro crimen oculto y se juzgaba culpable a aquella a cuyo nombre la criba temblaba o daba vueltas. En lugar de una criba se pone un tamiz sobre un plato, para conocer el autor de un robo; se nombra del mismo modo a las personas sospechadas, y el tamiz rueda al nombre del ladrón.

Cristalomancia.- Adivinación por medio del cristal. Se sacaban presagios de los espejos, o vasos oblicuos o cilíndricos o de algunas otras figuras formadas de cristal, en las cuales decían que el demonio se albergaba.

Crisomancia.- Adivinación por las carnes y tortillas. Se consideraba la parte de las tortas que se ofrecían en sacrificio y la harina y cebada que esparcían sobre las víctimas, para de ellos sacar presagios.

Cromniomancia.- Adivinación por medio de las cebollas. Los que ya practicaban colocaban en la noche de navidad, algunas cebollas sobre un altar, escribían encima el nombre de las personas de quienes querían saber noticias. La cebolla que brotaba primero anunciaba que el sujeto cuyo nombre contenía gozaba de perfecta salud; esta adivinación se halla también en uso en Alemania, entre las jóvenes que desean saber a quién tendrán por marido.

Dactilomancia.- Adivinación que se hacía teniendo un anillo mágico suspendido de un hilo sobre una mesa redonda, en cuyos bordes estaban señaladas las letras del alfabeto; el anillo, por medio de las oscilaciones señalaba ciertas letras, las cuales componían uno o más nombres que servían para dar contestación a la pregunta hecha.

Dafnomancia.- Adivinación por medio del laurel. Práctica basada de dos maneras diferentes: primeramente, se echaba al fuego un ramo de laurel, que, al quemarse hacía ruido, era un buen presagio, pero malo cuando ardía sin hacerlo; la segunda manera consistía en mascar un poco de laurel antes de dar la respuesta, con el objeto de que Apolo, a quien estaba consagrado aquel árbol, la inspirase. De este último medio se valían las pitonisas, las sibaritas y Ios sacerdotes de Apolo, a los que se les llamaban dagnefagos, es decir, comedores de laurel. Se llama Dafnomancia por la Dafne que fue convertida en el árbol de laurel por Apolo.

Demonomancia.- Adivinación por medio de los demonios. Tiene lugar por los oráculos que dan y por las respuestas que hacen a los que los evocan.

Eromancia.- Una de las seis especies de adivinación practicadas por los persas por medio del aire. Se envolvían la cabeza con una servilleta, exponían al aire un vaso lleno de agua y proferían en voz baja el objeto de sus votos. Si el agua llegaba a levantar algunas burbujas aseguraba el cumplimiento de sus deseos.

Esciamancia.- Adivinación que consistía en evocar los nombres de los muertos para saber de ellos las cosas futuras. La diferencia de la nigromancia y de la psicomancia, es que no eran el alma ni el cuerpo del muerto quienes aparecían, sino solo su imagen.

Espodomancia.- Adivinación que se practicaba entre los antiguos por medio de las cenizas de los sacrificios. En Alemania quedan de ella algunos vestigios. Escriben al anochecer, con la punta del dedo, sobre la ceniza, lo que quieren saber, y al día siguiente examinan los caracteres que han quedado inteligibles, y de ellos sacan presagios. Se decía, que, algunas veces el diablo se encarga de ir a escribir la respuesta.

Erternomancia.- Adivinación por el vientre. Se sabían las cosas futuras cuando se obligaba a un demonio o a un espíritu a hablar en el vientre o el cuerpo de un poseído.

Estoiqueomancia.- Adivinación que se practicaba abriendo los libros de Homero o de Virgilio y sacando un oráculo del primer verso que se presentaba.

Estolismancia.- Adivinación que se sacaba por el modo de vestirse; Augusto se persuadió de que le había sido presagiada una sedición militar la mañana antes de suceder, porque su criado le había atado la sandalia izquierda de otro modo como se debía atar.

Filodomancia.- Adivinación por medio de las hojas de una rosa. los griegos hacían chasquear en la mano una hoja de rosa, y por su resultado, juzgaban del éxito de sus amores.

Fisognomia o Fisognomancia.- Adivinación por medio de las características de la cara, sistema muy completo y bastante cultivado por la mayoría de los adivinos, en general se parte de la creencia de que lo que uno es por dentro, termina expresándolo afuera, así la expresión la da el alma, que cambia el rostro y su disposición por medio de gestos.

Gastromancia.- Especie de adivinación que se practicaba encendiendo muchas candelas, que se ponían detrás de algunos vasos llenos de agua. El que pretendía valerse de esta adivinación hacía observar la superficie de los vasos por un niño o una mujer joven que estuviese encinta, los cuales daban las contestaciones, según lo que creían observar dentro del vaso por medio de la refracción de la luz. Otra especie de gastromancia de se practicaba por medio del adivino que contestaba sin menear los labios de suerte que se creía ver una voz aurea; el nombre de esta adivinación significa adivinación por el estómago, de modo que el que la ejerce debe necesariamente ser ventrílocuo. Se encienden cirios alrededor de algunos vasos llenos de agua limpia y luego se agitan, invocando al espíritu que no tarda en contestar, con voz hueca, en el estómago del brujo que hace esta operación.

Geomancia.- Adivinación por la Tierra. Consiste en arrojar un puñado de polvo en el suelo o encima de una mesa, para juzgar los acontecimientos futuros por las líneas y figuras que resultan; se practicaba también trazando en tierra líneas o círculos, sobre los que se cree poder adivinar lo que se anhela saber, de la misma manera haciendo en tierra o sobre un papel muchos puntos, sin guardar orden alguno, fundando el juicio sobre el porvenir en las figuras que la casualidad ha formado; también observando las hendiduras y grietas que se hacen naturalmente en la superficie de la Tierra, de la que salen, según se dice, exhalaciones proféticas, como las del oráculo de Delfos.

Hidromancia.- Arte de predecir el porvenir por medio del agua; se leía el color, las corrientes, el flujo y reflujo, las ondas generadas al introducir un objeto, incluso las figuras que se forman en sí o por reflejos en combinación con otras sustancias. Se distinguían muchas especies:

1) Cuando a consecuencia de invocaciones y otras ceremonias mágicas aparecen sobre el agua los nombres de algunas personas o cosas que se desea conocer, bien que escritos al revés. También aparecen imágenes o proyecciones de lo que sucederá.

2) Se servían de un vaso lleno de agua y de un hilo, del que estaba suspendido un anillo, con el que golpeaban cierto número de veces el vaso.

3) Sacaban sucesivamente y a cortos intervalos, tres piedrecitas en agua limpia y tranquila de los círculos que se formaban en su superficie, como de su intermitencia, deducían presagios.

4) Se examinaban atentamente los movimientos y la agitación de las olas del mar.

5) Se sacaban presagios del color del agua y de las figuras que se creía ver en ella.

6) También por una especie de hidromancia, los antiguos germanos aclaraban sus sospechas concernientes a la fidelidad de sus mujeres; arrojaban al Rin a los hijos que parían, si sobrenadaban los tenían por legítimos y si se iban al fondo, por bastardos.

7) Se llenaba una taza de agua y después de haber pronunciado encima ciertas palabras, se examinaba si el agua hervía y si se derramaba por los bordes.

8) Ponían en el agua una gota de aceite y creían ver en aquella agua, como en un espejo aquello de que deseaban instruirse.

9) Las mujeres germanas practicaban otra especie de hidromancia, examinando los ríos, en los golfos y torbellinos que formaban para adivinar el porvenir.

10) Echar gotas de cera de una vela y mirar las figuras y movimientos que ésta hace y forma en el agua.

Hipomancia.- Adivinación que estaba en uso entre los celtas, los cuales sacaban sus pronósticos de los relinchos y movimientos de unos caballos blancos, criados con todo esmero y veneración, a expensas del pueblo, en unos bosques sagrados; los sajones sacaban también pronósticos de un caballo sagrado, alimentado en el templo de sus dioses y que hacían salir antes de declarar la guerra a sus enemigos. Cuando el caballo empezaba a andar con la pata derecha, el agüero era favorable, sino era mal presagio y renunciaban a la empresa.

I-Ching.- Basado en el pa-kwa, Está integrado por 6 líneas de trazos completos o cortados y simbolizan el descenso de lo espiritual y su densificación en la materia y la búsqueda de la disolución de lo físico en el regreso a lo espiritual; está basado en 64 símbolos y para conocerlo lleva mucho tiempo pues está escrito en metáforas de la antigua china. En general, se menciona que Confucio fue el gran maestro del i-ching y que este es un manual de estrategias para conducirse ante los demás y para administrar un imperio o el alma usando los mismos principios.

Tiene varios sentidos, como en lo simbólico, lo moral, en política y en la guerra; algunas figuras son variables y depende de uno y la situación poder cambiarlos; el i-ching se predecía con palillos o monedas sobre un pañuelo blanco y se supone que los espíritus superiores y ancestros guían la predicción de la consulta.

Ictiomancia.- Adivinación antiquísima, que se practicaba por medio de las entrañas de los pescados. Refiere Plinio que en Mina, en la Licia; se tocaba la flauta con tres intervalos, para hacer aproximar los peces a la fuente de Apolo llamado Cierius. Los peces no dejaban nunca de aproximarse, lo cual si comían inmediatamente la carne que se les echaba era un feliz agüero, al paso que era fatal si lo rehusaban.

Jilomancia.- Adivinación por medio de la madera, se practicaba particularmente en Esclovonia. Era el arte de sacar pronósticos de la posición de los pedazos de madera seca que uno encontraba en su camino.

Hacían también conjeturas no menos ciertas sobre el porvenir, del modo de colocar los tizones en una hoguera, del modo como ardían, etc.

Keflonomancia.- Adivinación que se practicaba haciendo varias ceremonias sobre la cabeza de un asno. Era muy familiar entre los germanos y los lombardos sustituyeron al asno por una cabra. Se practicaba poniendo sobre carbones encendidos la cabeza de un asno recitando las plegarias hasta el cielo, pronunciando los nombres de aquellos de quienes sospechaban habían cometido algún delito, y observando el momento en que las mandíbulas se chocaban. El nombre pronunciado en aquel instante designaba al culpable.

Lampadomancia.- Adivinación por medio de la forma, color y oscilación de la luz de una lámpara.

Lecanomancia.- Especie de adivinación que se hacía por medio de unas piedras preciosas y unas minas de oro y plata, en las que había grabados ciertos caracteres, los cuales se ponían el fondo de un vaso lleno de agua, practicando en seguida sobre varias supersticiones.

Libanomancia.- Adivinación por medio del incienso. Se tomaba la base del incienso después de haber hecho las súplicas relativas a lo que se pretendía y se echaba dicho incienso en el fuego a fin de que su humo llevase las plegarias hasta el cielo; si debía conseguirse lo que se deseaba, el incienso se consumía luego o daba una llama viva, pero, si, al contrario, eran vanas las súplicas de los que rogaban, el incienso parecía huir del fuego y tardaba en humear. Este oráculo servía para predecirlo todo, menos las cosas relativas al matrimonio y a la muerte.

Licnonomancia.- Adivinación por medio de la llama de una lámpara. Cuando una chispa se separa del pabilo, anuncia una noticia venida de la parte a donde fue la chispa.

Litomancia.- Adivinación por medio de las piedras. Consistía en hacer chocar muchas piedras, y si el sonido era más o menos agudo, creían que anunciaba la voluntad de sus dioses. Utilizaban alguna vez anillos en lugar de piedras.

Margaritomancia.- Adivinación por medio de las perlas. Se coloca una en un fogón, a la orilla del fuego, cubriéndola con un vaso puesto boca abajo y se le dirigen preguntas pronunciando los nombres de aquellos de quienes se sospecha han robado alguna cosa; en el momento en que se dice el nombre del ladrón, la perla da un salto hacia arriba y rompe el fondo del vaso para salir; asá es como se detecta al culpable.

Metoposcopia.- La metoposcopia se apoya en adivinar el futuro y la personalidad de un individuo a través de la frente y de las líneas que se forman en un patrón. Muchos cabalistas afirman que no sólo se puede observar esto a través de dichas líneas, sino que con el conocimiento adecuado se podrían apreciar ciertas letras hebreas que desvelarían el porvenir. El Papa Sixto V se encargaría de prohibir esta técnica.

Tiene su máximo exponente en Cardano, que fue un importante médico y matemático interesado en las ciencias ocultas y que estaba seguro que a través de las líneas de la frente y cómo estaban estas formadas se podía llegar a conocer todo de una persona.

Miomancia.- Adivinación por medio de las ratas o ratones. Se sacaban siniestros presagios de sus chillidos o de su voracidad.

Nigromancia.- Arte de evocar a los muertos o adivinar las cosas futuras por la inspección de los cadáveres. Los griegos usaban mucho de esta adivinación, y principalmente los tesalienses. Rociaban con sangre tibia un cadáver, creyendo tener luego ciertas contestaciones sobre el porvenir. Los que consultaban, debían haber hecho antes la expiación aconsejada por el mago que presidia esta ceremonia y, generalmente, haber apaciguado con algunos sacrificios las manos del difunto, quien, sin estos preparativos, se mantenía siempre sordo a todas las preguntas. Los asirios y los judíos se servían también de esta adivinación. He aquí como obraban estos últimos: ataban chiquillos, torciéndoles el cuello; les cortaban Ia cabeza, a la cual salaban y embalsamaban; luego grababan en una plancha de oro el nombre del espíritu maligno para quien habían hecho este sacrificio; colocaban la cabeza encima, la rodeaban de cirios, la adoraban como a un ídolo, y les contestaba.

Oculomancia.- Adivinación con el objeto de descubrir un ladrón, examinando el modo de volver los ojos, después de ciertas prácticas supersticiosas.

Oenomancia.- Adivinación por el vino, considerando su color, bebiéndolo, observando sus más pequeñas circunstancias, para deducir presagios. Los persas fueron quienes más se dedicaron a este tipo de adivinación.

Ofiomancia.- Adivinación por medio de las serpientes. Consistía en sacar predicciones de los diferentes movimientos que se ven hacer a las serpientes. Se tenía tanta fe en estos presagios, que se alimentaban expresamente serpientes para conocer el porvenir.

Oliomancia- Adivinación sacada del aullido de los perros.

Omomancia.- Adivinación por medio de las espaldas, entre los rabinos. Los árabes adivinan por las espaldas de carnero, las cuales, por medio de ciertos puntos que llevan marcados representan varias figuras de geometría.

Onicomancia.- Adivinación por las uñas; se practicaban frotando con hollín las uñas de un mancebo, quien las presentaba al sol, imaginando ver en ellas figuras que daban a conocer lo que se deseaba saber; también se servían para esto de cera o aceite.

Onomancia.- Adivinación por medio de los nombres, muy usada entre los antiguos, se asignaba a cada letra un valor y después se interpretaba; los pitagóricos suponían que los espíritus, las acciones y los sucesos de los hombres eran conformes a su destino, a su genio y a su nombre.

Oraculo.- Lugar de reunión de espíritus, técnica adivinatoria, de predicción, asociada en la antigüedad a lugares donde los fenómenos mágicos aparecían manifestarse con preferencia, como el de Delfos y que hoy son llamados lugares telúricos.

Ovomancia.- Adivinaban por medio de los huevos. Los Antiguos adivinos veían en la conformación exterior y en la forma interior de un huevo los más recónditos secretos del porvenir, y Suidas pretende que esta adivinación fue inventada por Orfeo. También se practicaban adivinaciones con la albúmina de los huevos, de modo que algunas sibilas modernas han dado celebridad a este uso; se tomaba para ello un vaso de agua; se rompía la cáscara de un huevo y se dejaba caer poco a poco en el agua clara y entonces según la figura que forma la albumina flotante se conocían en ella los presagios.

Ornitomancia.- Adivinación sacada del canto, grito y vuelo de los pájaros.

Partenomancia.-Adivinación de si se es virgen; se medía con un hilo el cuello de una doncella; se medía de nuevo, y si la segunda vez se encontraba más grueso, era señal de que había perdido la virginidad; entre los bretones se reducía a polvo una ágata, se daba a beber a una soltera y si le causaba vómitos no era virgen.

Pegomancia.- Adivinación por los manantiales; se practicaba arrojando cierto número de piedras en el agua, cuyos movimientos se observaban o sumergiendo vasos de vidrio y examinando los esfuerzos que hacía el agua para entrar en ellos, arrojando el aire; la pegomancia más celebre es la adivinación por la suerte de los dados, que se practicaba en la fuente Arpona, cerca de Padua; se arrojaban los dados en el agua para ver si sobrenadaban o si se hundían y que número daban sobre lo cual un adivino explicaba el porvenir.

Petchimancia.- Adivinación por los cepillos y látigos; cuando un vestido no se puede espolvorear, es señal de lluvia.

Piromancia.- Adivinación por medio del fuego.

Psicomancia.- Adivinación por medio de los espíritus. Se combina con el espiritismo; se invocaba a los espíritus y se les hacían preguntas.

Quiromancia.- Adivinación por la inspección de las líneas de la mano.

Rabdomancia.- Adivinación por medio de los palos, la cual es una de las más antiguas supersticiones de que hace mención Ezequiel y también Oseas. Para practicarla, se despojaba a lo largo de un lado y en toda su longitud una varilla, lanzándola luego al aire; si al caer presentaba la parte pelada, era tenido por buen augurio, y lo contrario, si presentaba la parte opuesta.

Radiestesia.- Disciplina asociada a la anterior, es el estudio y percepción de las energías sutiles en la naturaleza, permite indicar los lugares y formas de energía y es también una forma de predicción, su energía parece ser la resultante de las fuerzas internas de la tierra. Las herramientas más comunes de radiestesia son las varas de zahori y el péndulo.

Rapsodomancia.- Adivinación que se practicaba abriendo al azar algún poema y tomando el pasaje que se encontraba, por una predicción de lo que se deseaba saber.

Runas.- Sistema de adivinación basado en la mitología escandinava. En la antigüedad se llamaba runa a lo desconocido. Era el lenguaje escrito de los nórdicos nombrado futhark. Los vikingos, celtas y germanos las utilizaban para engrandecer y darle cualidades a los objetos y acciones, son además símbolos de poder y su fuerza mágica es una de las más temidas. Además de ser un sistema escrito, eran un sistema oracular y mágico.

En la actualidad se ha desarrollado un sistema llamado "Runas de las brujas" que incluye 13 runas con significados específicos para adivinar.

Sicomancia.- Adivinación por medio de las hojas de higuera, en las que se escribían las preguntas sobre las que se querían respuestas, y cuanto más tardaba la hoja en secarse, más favorable era la contestación.

Sideromancia.- Adivinación que se practicaba con un hierro hecho ascuas, sobre el cual se colocaban, con cierto arte, un número de pajuelas, que se quemaban lanzando reflejos, como las estrellas.

Teomancia.- Parte de la cábala de los judíos, que estudia los misterios divinos y busca los nombres sagrados. Se decía que el que posee esta ciencia, sabe el porvenir, manda a la naturaleza, tiene pleno poder sobre los ángeles y los diablos, y puede hacer milagros.

Teurgia.- La alta magia o magia espiritual, implica un control estricto de la individualidad, es más una experiencia mística que un obrar hechizos e involucra el trabajo consciente con entidades espirituales para colaborar con el plan de la naturaleza.

Tiromancia.- Adivinación por medio de ídolos.

En realidad, observamos que hay muchos tipos de mancias, seguramente hay más, pero por lo pronto describimos éstas que son de las más conocidas en occidente.

Percibir a fantasmas

Philip Stander y Paul Schmoling en su libro ***Poltergeist*** (fenómenos paranormales de movimientos y ruidos sin origen visible), clasifican estos fenómenos en **3 tipos**: psicoquinesia (PK), fantasmas y percepción extrasensorial (PES).

a) La **psicoquinesia** (PK) es la capacidad que tiene alguien vivo de provocar los fenómenos poltergeist, este tema fue muy estudiado por científicos hace algunas décadas. La energía sale del cuerpo de alguien vivo y tiene efectos conscientes o inconscientes. Hay ciertos fenómenos que suceden de forma repetida alrededor de una persona y esto se llama **Psicoquinesia Espontánea Recurrente** (PKER). Debido a tensiones emocionales, los seres humanos somos capaces de producir potentes explosiones de energía, principalmente en la adolescencia, por ser un periodo crítico en la vida de los seres humanos. Pueden suceder cuando hay problemas y se genera gran tensión emocional.

b) Los **fantasmas** que clasifico como **muertos** o **desencarnados.** Son entidades reales e independientes de los seres vivos, también se les llama **personalidad desencarnada** o **espíritu sin cuerpo**. Algunos parapsicólogos no creen que exista supervivencia después de la muerte y atribuyen estos fenómenos a la primera clasificación, o bien a fraude, ilusión psicológica o efectos naturales; sin embargo, varias pruebas han demostrado que sí existen fenómenos que son independientes de las personas vivas.

Hay una parte de alguien que muere que se queda en esta dimensión terrestre en estado de confusión y trauma psicológico. El fantasma que permanece está trastornado emocionalmente e ignora lo que debe hacer, ahora que se encuentra separado de su cuerpo físico. Está en otra dimensión y entra por momentos a la nuestra.

Mientras que este fantasma, por lo general, es invisible a los vivos, busca con desesperación ayuda de éstos. Debido a que usualmente no puede ser oído, manifiesta su presencia mediante rasguños, mordidas y ataques físicos a alguna persona desprevenida. Todo esto se debe a un esfuerzo por llamar la atención y obtener su ayuda. Holzer cree que esos ataques no son perpetrados por demonios, *incubus*, *sucubus* o entidades malvadas, sino por fantasmas de personas que han muerto de manera traumática y que necesitan ayuda de los vivos.

Para alejarlo hay que decirle: **“Esta es mi casa; llama a tus seres queridos para que te ayuden a ponerte en camino”.**

c) La **percepción extrasensorial** es cuando una persona percibe a alguien que no está presente físicamente. La fuente de esta imagen puede ser:

a. Una imagen fantasmal de alguien que vivió hace tiempo.
b. Una persona viva cuyo ser astral, o doble, se ha proyectado

a sí mismo y de manera no intencionada en ese lugar.

c. Un sujeto que vive en una dimensión paralela y que ha cruzado de repente a la nuestra.

d. Es un fenómeno de percepción extrasensorial.

- Esta percepción se puede dar debido a la ***telepatía mental***, esto es que la imagen es una proyección creada en la mente de alguna persona. Aparentemente alguien puede estar en la habitación, pero solamente es una proyección en la mente de la persona que la vio.
- Una segunda habilidad es la ***clarividencia***, que es la capacidad de ver más allá de los sentidos o ver algo que se encuentra lejos. En este caso, el ser que se ve puede estar a muchos kilómetros de distancia. Esto también se llama ***percepción remota***. Incluso puede ser la imagen de cómo se verá una persona en el futuro cercano o lejano.

Algunos fenómenos poltergeist que se manifiestan en la noche, pueden ser telepáticos, fenómenos de clarividencia o imágenes precognitivas.

- La última capacidad de PES es la ***retrocognición***, que es la habilidad de ver el pasado. La imagen que se ve puede ser de alguien que vivió en el pasado en ese lugar. Esto suele suceder, por ejemplo, en lugares donde ha habido guerras.

Despertar de dones

¿En qué momento despiertan los dones? Es una pregunta constante, porque en muchas ocasiones los dones ya se traen de nacimiento, y en otras aparecen. Las explicaciones de la raíz de esos dones son las siguientes:

1. Se da **desde el nacimiento**, es decir, el individuo desde temprana edad comienza a mostrar facultades de manera natural. Esto puede ser porque es su misión o con dichos

dones podrá ayudarse y ayudar a los demás en su camino a la evolución.

2. **Eventos violetos o vencer adversidades**: Puede suceder algún accidente violento o una experiencia cercana a la muerte que despierta los dones temporal o permanentemente. Dentro de este ámbito tomaremos también en cuenta el hecho de romperse manto etérico porque se ha escindido la capa protectora y se derrama el líquido pránico, lo que provoca una apretura entre los mundos y una apertura o colapso del chakra coronario.
3. **Herramientas para misión**: Muchas veces ya traemos esos dones de nacimiento o se nos presentan como herramientas para lograr nuestra misión de vida.
4. **Práctica**: Mediante diferentes métodos y prácticas se pueden desarrollar los dones psíquicos, es importante recalcar que debe ser con precaución y recomiendo que siempre sea con trabajo interior, ya que se comienzan a percibir fenómenos de los cuales la persona que los recibe puede no encontrar explicación o les puede temer por desconocimiento de cómo manejarlos.
5. **Trabajo interior:** Los dones o facultades aparecen de manera natural como producto del trabajo interior, evolución espiritual y elevación de la conciencia.

Vamos a ahondar en cada uno de estos puntos.

1. Desde el nacimiento

Hay un momento en el que los dones se activan más por ciertos acontecimientos o por el desarrollo de la conciencia, como explicaremos a continuación, pero muchas veces ya tenemos dones desde el nacimiento.

Muchas personas portan dones porque los desarrollaron en vidas pasadas y ahora los traen muy despiertos. Algunos les ayudarán en su travesía por esta encarnación en la Tierra.

Algo importante a señalar aquí es que muchos de nosotros teníamos dones cuando estábamos pequeños, cuando nuestros campos estaban abiertos, cuando el acceso a otras dimensiones es más libre, sin embargo, como producto de la cultura y creencias imperantes, esos poderes psíquicos se van limitando hasta incluso desaparecer, aparentemente de los 7 a los 9 años. Dando predominancia al hemisferio izquierdo del cerebro el racional. Pero puede ser que en algún momento decidamos despertar y los dones al igual redespiertan.

Las más comunes que mucha gente porta son: **precogniciones** o **premoniciones.**

Estas son puertas a esa pequeña liga entre lo lógico y lo simbólico, entre lo real y lo imaginario. Figúrate la esfera del Ying y el Yang, he aquí estas dos vertientes, esta dualidad que es una cualidad de este planeta Tierra; siempre tenemos estos dos extremos, así como tenemos dos hemisferios en nuestro cerebro, cada uno con su función, el derecho es el simbólico, emocional y artístico; el izquierdo es racional, objetivo, lógico y matemático, ambos deben conjugarse para lograr la totalidad. Y en una persona que tiene dones activados, trabajan en conjunto ambos hemisferios.

En este planeta hemos desarrollado más la parte racional, y aunque estamos en un punto en el que la ciencia y la tecnología han tenido grandes avances, sin embargo, seguimos sin poder explicar de acuerdo con el método científico algunas facultades extrasensoriales.

2. Evento violento

Se sabe de muchos niños que al encontrarse en en situaciones de peligro desarrollan facultades extrasensoriales para identificar al asechador, esto los fortalece con herramientas para ponerse a salvo.

Muchas veces los espíritus ayudan a despertar estos dones para salvaguardar la integridad de las personas.

En la adolescencia también se desprende mucha energía al ser un periodo de un profundo cambio y crecimiento, se transforman todos los aspectos del ser, por lo que se desprende mucha energía que es aprovechada por entidades.

Así mismo es cuando se está en mayor peligro y vulnerabilidad, en algunas ocasiones se despiertan los dones durante esta etapa de crisis emocionales y de cambio.

En numerables ocasiones se han reportado casos en los que antes de accidentes, o en situaciones difíciles se han despertado dones para avisar del peligro, por ejemplo, una persona que se interpone y luego desaparece, una voz, un empujón, una visión, una ayuda, etc.

3. Misión

Hay ocasiones en que las personas traen esos dones y aparentemente no tienen desarrollo espiritual, esto es porque un objetivo importante tiene ese don en la misión de la persona y puede tener desarrollo en otras áreas porque cada uno de nosotros tiene una misión diferente, y a esa persona, tal vez no le toque mover masas o enseñar a otros, tal vez le toque dar una clave, ser un eslabón en una cadena de acontecimientos que repercutirán en el crecimiento hacia el bien, en el bienestar de la mayoría, en la evolución de uno, varios o muchos seres que son hermanas y hermanos en el camino; pero ese don específico le ayudará en su camino hacia el bien y la perfección de su ser.

Hay personas que presentan dones porque les permitirán avanzar en la consecución de su misión de vida.

Todos traemos ya dones y cierto grado de magia, y muchas veces es la manera en la que el Universo, Dios o los espíritus se comunican con nosotros para darnos señales. Y si nos ponemos a analizar desde un punto de vistan cuántico, todos tenemos la posibilidad de ir al pasado, o al futuro, los guías nos abren esas puertas para mostrarnos señales en el camino a la evolución de nuestro ser.

4. Práctica

Los dones vienen a aquellas personas que los quieren, y trabajando y practicando pueden activarlos. Esto sucede principalmente con las mancias. Cualquier persona puede estudiarlas y éstas se convierten en puertas a la videncia.

Algunas facultades llevan a otras, algunas están mezcladas o van de la mano, tal es el caso de la clarisentencia con la claritangencia y la clarividencia. En el presente libro encontrarás prácticas para desarrollar cada uno de los dones.

5. La elevación de la conciencia

En el momento en el que empieza a suceder un incremento en el nivel de conciencia, los dones comienzan a desarrollarse, incluso se hacen algunos ejercicios para desarrollar tal o cual don. Muchas veces cuando se entra a un camino espiritual donde emprendemos la evolución de nuestro ser, comienzan a encenderse la percepción extrasensorial y el despertar de los dones; incluso cuando se ha llegado a cierto nivel elevado, la persona se vuelve un contactado, es decir, comienza a recibir mensajes de forma directa de seres inmateriales o de su “yo superior”, también llamado el santo ángel guardián.

Aparentemente, en numerosas ocasiones, estamos percibiendo otros planos, estamos presintiendo algo o estamos teniendo visiones que vienen del imaginario; sin embargo, esto no sale por completo al ámbito de la conciencia o de estar consciente de que esto está sucediendo.

La conciencia es el estado del Ser que permite al individuo razonar sobre sí mismo, observar y observarse. Es un acto psíquico por el que el sujeto se percibe a sí mismo en el mundo. También se dice que es percibir lo que existe con nuestra máxima capacidad racional.

La conciencia puede expandirse desde la conciencia de sí mismo, pasando por la familiar, la colectiva, hasta llegar a la cósmica que es el ideal en la elevación de la conciencia.

Una **conciencia despierta** es aquella en la que se ha logrado una reprogramación mental (de lo negativo, limitante a lo positivo, de evolución) y en la que la persona ha logrado estar consciente de sus pensamientos, emociones, palabras y actos en un 100%, y ha aprendido a estar en paz y en armonía consigo mismo y los demás. Se supone que esta es la meta espiritual, no de alguna religión en específico, sino de un desarrollo individual, sea el camino que sea el cursado para llegar a esta meta.

El despertar de la conciencia requiere de un arduo trabajo con la razón y con las propias emociones.

Muchas veces vemos cosas, pero están ligadas a emociones y se atrae la emoción, es necesario separar la forma de la emoción.

Los signos de la conciencia de un individuo despierto son:

- No está generando conflictos ni peleando con nadie ni nada.
- No critica, no guarda rencor, no se queja, no se enoja, no maldice, no reclama, no exige, no maltrata.
- Sale del prejuicio y lo evita.
- Sabe exactamente qué y cómo es el amor verdadero.
- Deja de ser rígido por lo que muestra apertura mental y criterio amplio, y así respeta todos los puntos de vista.

- Es afectivo y amoroso.
- No tiene nada que defender, nada que proclamar, nada que temer.
- Muestra sencillez y humildad.
- Pone límites de manera efectiva.
- Se ama a sí mismo.
- Ama a los demás; sólo les ve el Bien y lo Bueno.
- Se comunica eficiente y eficazmente con los demás.
- Se siente conectado con la Gran Fuerza Creadora.
- Sabe de su divinidad.
- Encuentra la soledad como una experiencia maravillosa.
- Sabe que él es causante de todo lo que le sucede, es decir, es su propia causa.
- Nada ni nadie lo perturba.
- Se respeta a sí mismo y se da a respetar.
- Muestra una seriedad contemplativa.
- Sabe que la vida es un juego.
- Vive la unidad, dentro de la diversidad y a la inversa, por lo que muestra un alto grado de tolerancia y flexibilidad.
- Sólo vive en el momento presente.
- Se siente contento, tranquilo y en paz.
- Elije ser feliz todo el tiempo y percibe los problemas no como problemas, sino como oportunidades de crecimiento.

De acuerdo al Dr. Hawkins los niveles de conciencia se clasifican del 20 a 1000, en mi libro de Tratado de Defensa Psíquica podrás encontrar una amplia explicación al respecto, a continuación, sólo te presento la tabla de niveles de conciencia.

Nivel	Calibración	Emoción
Iluminación	700-1000	Inefable
Paz	600	Dicha
Alegría	540	Serenidad
Amor	500	Veneración
Razón	400	Comprensión
Aceptación	350	Perdón
Entusiasmo	310	Optimismo
Neutralidad	250	Confianza
Coraje	200	Afirmación
Orgullo	175	Desprecio
Enojo	150	Odio
Deseo	125	Anhelo
Miedo	100	Ansiedad
Pena	75	Arrepentimiento
Apatía	50	Desesperación
Culpa	30	Culpa
Vergüenza	20	Humillación

Tabla 1. Niveles de conciencia

Después, mediante la elevación de la conciencia, llega un momento en el que el nivel es tal que se empiezan a activar los dones espirituales, ya que se tiene una conciencia expandida, hay una completa conexión divina y se abren las puertas de los otros sentidos y dimensiones.

Cuando una persona llega al nivel de conciencia de 350, que es el del perdón, los dones psíquicos empiezan a activarse de manera natural.

Incrementando el nivel de conciencia

El incremento del nivel de conciencia se logra mediante la meditación. Otra forma de lograr el despertar de la consciencia es mediante autoconocimiento con apoyo de otras personas, mediante desarrollo individual y prácticas de conciencia de sí mismo y trabajo grupal.

Una práctica individual; por ejemplo, puede comenzarse mirándote al espejo y haciéndose consciente de sí. La meditación es básica y fundamental en el desarrollo de la conciencia.

Otra puede ser conociéndote a ti mismo reconociendo tus fortalezas y debilidades. Mediante la identificación de tus patrones negativos y llevar a cabo alguna técnica para cambiarlos (recomiendo, Resonance Repatterning, Thetahealing, Terapias de constelaciones o transgeneracionales).

Protección

Mucha gente habla de que al despertar los dones es necesario protegerse porque se abren puertas y se empiezan a percibir cosas indeseables; sin embargo, esas cosas siempre han estado ahí, que no las viéramos no significa que no estuvieran. Independientemente de esto, es bueno siempre protegerse para evitar la entrada o daño de energías indeseables cuando se entra en contacto con lo invisible.

No tiene por qué darte miedo, ya que estos DONES son DIVINOS. Algunas veces los mensajes que recibimos NO SON BUENAS NOTICIAS, o son premoniciones sobre eventos funestos como muertes, accidentes o catástrofes; así es porque tal vez exista la oportunidad de cambiar la situación, si es que está a tu alcance. Cuando se trate de eventos que te dan MUCHO MIEDO, tienes toda la razón, esto es señal de que estás recibiendo un ataque psíquico, es decir de entidades o por daño energético, por lo que es necesario protegerte o acudir con algún especialista en temas energéticos y espirituales.

Ejercicio de protección

Siéntate en un lugar cómodo, inhala y exhala lenta y profundamente, al menos realiza tres respiraciones. Ve relajando todo tu cuerpo, en cada exhalación liberas cualquier tensión. Después visualiza luz que entra por arriba y abajo, se centra en tu corazón, realiza al menos tres respiraciones absorbiendo esta luz, en la siguiente exhalación visualiza cómo la luz blanca se expande y cubre tu aura. En las posteriores exhalaciones puedes hacer lo mismo expandiendo la luz y protección a tu habitación, casa o comunidad.

Puedes decir la siguiente oración:

Me uno al círculo de luz y protección para dirigir con atención mi voluntad a fomentar libertad, justicia, prosperidad, salud, verdad y unión.
Compartir a todos a través de la magia y el amor.
Hécate protegiendo está con furia este círculo de unión.
Que la fuerza de los mares me llene de poder y pasión,
Bendiciendo con honor esta misión.

Dones y chakras

Los chakras son ruedas de energía que giran en el cuerpo etérico. Los chakras mayores son siete 7 centros de energía o baterías espirituales organizadas en una línea de colores de arcoíris desde la base de nuestra espina entre las piernas hacia arriba hasta nuestra cabeza.

Cada uno de estos chakras corresponde a nuestros sentidos psíquicos. Nos enfocamos en ellos para sintonizarnos mejor.

Los primeros chakras, que están más abajo, están ligado a las necesidades, al deseo físico y cómo nos conducimos. Todos los chakras están conectados a las habilidades psíquicas.

El primer chakra o chakra raíz se relaciona con el fundamento o la seguridad y corresponde a la estabilidad, a tu familia, a tu sentido de comunidad; es de color rojo, está en la base de la espina y está conectado con la **Clarigustiencia** o Gusto claro y la **hipergeusia**, clarioliencia oler con claridad.

El segundo chakra o chakra sensual es naranja y está localizado a un par de pulgadas abajo del ombligo. Este centro de energía espiritual está relacionado con tu sensualidad, así como tu sexualidad. Este chakra tiene que ver con el rol de los sentimientos y la **clarisenciencia.**

El tercer chakra es donde se centra el poder y está localizado en el plexo solar. Su energía central es amarilla y es donde residen los instintos. Este es el asiento de **clariempatía** y está relacionada a la autoestima.

Los chakras de más arriba está más ligados a la espiritualidad de la conciencia. El cuarto chakra es verde y está localizado en el pecho, es conocido como el chakra del corazón. Este centro está relacionado con los asuntos del corazón, con el amor, así como sanarse a sí mismo.

El quinto chakra es tu centro de comunicación. Éste tiene energía azul y es responsable de la canalización de mensajes del otro lado y de tu **clariaudiencia**. También está relacionado con la comunicación que tú quieres y necesitas.

El sexto chakra es el centro índigo, es tu tercer ojo. Es tu visión psíquica o **clarividencia** y es el centro de energía de clarividencia espiritual.

Finalmente el séptimo chakra o chakra violeta es conocido como el chakra coronario, es un centro importante de energía. Es donde se reciben los regalos psíquicos. Tiene que ver con la **claricogniciencia**. Es donde toda la guía divina es canalizada a través de y donde tú estás conectado a la energía universal.

Todos estos chakras mayores giran juntos ayudándose y alimentándose entre uno y otro. El sistema de chakras se puede combinar para un mejor funcionamiento, o bien, puede crear una barrera para abrir tus habilidades síquicas. Este sistema necesita sea realineado.

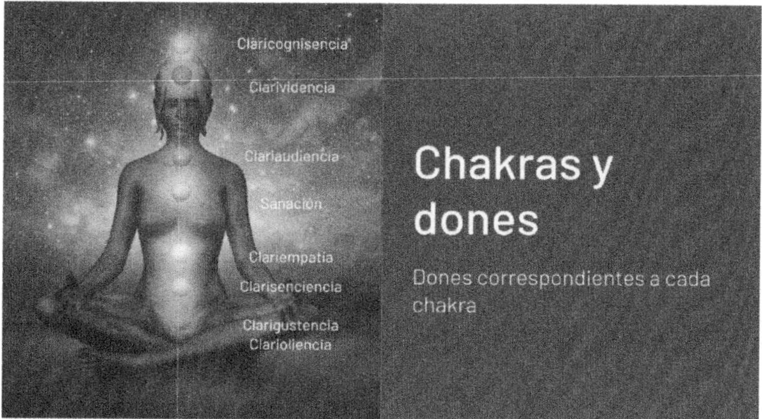

Ilustración 1. Chakras y dones

Capítulo 2. Clasificación de Dones

Debemos considerar que existen personas que tienen varios dones a la vez. Estas pueden ser personas muy dotadas cuya responsabilidad en este planeta es mayor, así es que no los envidiemos, a mayor conocimiento y dones, mayor responsabilidad y servicio se debe otorgar y seguramente más karma se tenía. Aunque no necesariamente es así, puede ser una persona que trae mucho empuje en esta vida y viene a hacer una gran labor de servicio. Así, a mayor nivel de conciencia, más dones llegan a la vida de la persona para que esta continúe con su labor de servir.

La clasificación primaria que he elaborado está relacionada con los elementos. Cabe señalar que estoy incluyendo siete elementos y no sólo cuatro elementos que son los que conocemos porque hay otros tres.

Los primeros 4 elementos corresponden a cualidades materiales básicamente: tierra, fuego, agua y aire. Los 3 restantes corresponden al cuerpo mental, astral y espiritual que son magnetismo, luz y éther o espíritu.

Los dones de magnetismo, espíritu y luz surgen como resultado del avance espiritual.

Tabla 2 Dones							
Arcano	**Tierra**	**Fuego**	**Agua**	**Aire**	**Luz**	**Magnetismo**	**Espíritu**
Código	**MTR**	**GN**	**MR**	**MN**	**LS**	**MG**	**KL**
1	Magia natural	Defensa Psíquica	Fluidez	Magia con aire y vientos	Arte	Magnetismo	Danza y trabajo con el cuerpo. Círculos
2	Magia de amor	Magia sexual	Sanación emocional	Hipergeusia	Ser maestro	Bilocación	Predecir la muerte y el nacimiento
3	Psicometría. Claritangencia. Cumberlandismo	Iluminación	Viajes astrales	Conjurar	Adivinación, premonición, predicción	Hipnotismo	Despertamiento, encantamiento
4	Clarigustiencia	Transmu-ta-ción y sugestión, *glamoury*	Sueños	Magia con cantos. Mantras y música	Xenoglosia	Pantomnesia	Descifrar los símbolos
5	Magia de abundancia, abrir caminos	Magia con Dragones	Registros Akáshicos	Control mental. Formas-pensamiento	Alquimia	Telequinesis Tiptología	Hipertesia
6	Materialización	Profecía	Psiquismo /clariempatía	Telepatía	Gran Mag@, Sum@ sacertod@	Exorcizar	Canalización de la Gran Fuerza
7	Sanación	Dar poder y protección	Bendecir	Visión paraóptica	Videncia	Mediumnidad	Misticismo
					Clariaudiencia	Claricognisencia	Multidimensionalidad

Los dones de los 7 elementos señalados se subdividen a su vez en 7, e el caso de los 4 elementos tradicionales y el 8 en el caso de los otros tres elementos.

A continuación, llevo a cabo una breve descripción de cada uno de los dones. Como observamos, arriba en la tabla, debajo de los elementos hay unos códigos, estos son códigos endolingüisticos que describen el tipo de don del que se habla.

Elemento Tierra

Los dones del elemento Tierra corresponden a facultades que tienen que ver con el cuerpo físico y la naturaleza. La principal clave para entender este elemento en dones es la materialización, hacer palpable, manifestar lo que se desea en el cuerpo y materia. También los dones de sanación física están aquí.

Corresponden a los oros del Tarot.

Elemento Fuego

Los dones del elemento Fuego corresponden a facultades que tienen que ver con la voluntad, la fuerza. Relacionados con el manejo de las energías, como la magia sexual, la transmutación, los dragones, ser guerrero de la luz, dar poder y protección.

Corresponden a los bastos del Tarot

Elemento Agua

Los dones del elemento Agua corresponden a facultades que tienen que ver con las emociones, la sensibilidad, los vínculos, el amor, como la sanación de emociones, ciertos psiquismos, sueños, fluir, bendecir.

Corresponden a las copas del Tarot.

Elemento Aire

Los dones del elemento Aire corresponden a facultades que tienen que ver con la mente, el pensamiento, el olfato, como conjurar, hipergeusia o clarioliencia, telepatía, visión paraóptica.

Corresponden a las espadas del Tarot.

Elemento Luz

Tiene que ver con una claridad tremenda, con un conocimiento superior y una comprensión suprema, estos dones vienen en el estado de conexión superior con la gran sabiduría. Son los dones de la mutildimensionalidad, la hipertesia, algunas predicciones.

Corresponden al número ocho del Tarot y las sotas.

Elemento Magnetismo

Son personas con un extraordinario nivel de manejo de energía, se tiene un gran poder, se atrae con facilidad, aquí tenemos el espiritismo, influir en las mentes de las personas, telequinesis y tiptología.

Corresponden al número 9 del Tarot y las reinas.

Elemento Espíritu

Esta parte tiene que ver con la energía etérica. La parte etérica de nosotros se compone de las extensiones de nuestros nodos etéricos. Todo lo etérico es eléctrico, no astral. Lo emocional es astral. Por ende, corresponde a la energía eléctrica de nuestro sistema cuerpo-energía.

Todo el universo es de éter. Al fortalecer la parte etérica con luz, es más que suficiente para protegerse en el astral.

Tiene mucho que ver con la canalización y la conexión, conectarse con el todo para comprender los símbolos.

Es el número 10 de los palos del Tarot y los reyes.

El Tarot y los dones

He desarrollado un sistema en el que cada uno de los palos y arcanos mayores del Tarot está relacionado con un don. En la segunda parte de este libro, mostraremos el método.

Los palos corresponden a cada uno de los elementos.

- Oros o pentáculos: Tierra
- Copas: Agua
- Bastos: fuego
- Espadas: Aire

Del uno al 7 numeramos los dones, el 8, 9 y 10 corresponden a la luz, espíritu y magnetismo.

- El ocho es el espíritu.
- El nueve es la luz.
- El diez es el magnetismo.

Los arcanos mayores en esta clasificación tienen que ver con numerología y misiones de vida de cada persona.

Astrología y dones

Los dones psíquicos pueden ser identificados en la carta astrológica, por lo menos la tendencia a desarrollarlos. En la tabla de dones y en cada don estoy poniendo el aspecto astrológico que lo identifica.

En mi libro de "Astrología" hablo de los dones y también sobre aspectos mágicos y psíquicos que aportan los planetas a la persona sobre la que influyen.

Los dones psíquicos en la carta astrológica se ubican principalmente en la casa VIII y la casa XII y en las características astrológicas de la Luna.

Dependiendo del signo y el planeta que se tengan ahí, podremos identificar la mayor tendencia.

De acuerdo con el signo de la Luna (que es la relacionada con el psiquismo) vamos a identificar los dones principales, así como sus aspectos; el signo en el que esté el planeta Neptuno nos añadirá información.

Capítulo 3. Dones del elemento Tierra

Vamos a ver que hay un código para cada uno de los elementos, este es el código endolingüistico.

La endolingüística consiste en el lenguaje interior, se postula que traemos códigos binarios y ternarios instalados a nivel inconsciente, y cuando aprendemos un idioma, sólo aprendemos el código.

Por ejemplo, el código **MTR** es el correspondiente al elemento Tierra, tiene que ver con aquel ser trascendente que ha sido determinado en el tiempo y el espacio. MTR e un código que se integra del código binario TR al que se ha añadido la **M**. El código **TR** consiste en la divinidad determinada por la materia, el tiempo y sus ciclos, al añadirle la **M** que es la primera consonante pronunciada por el ser humano, se añade la parte de la pertenencia y lo que nos es más cercano, nuestro primer amor al estar encarnados, en nuestro caso es la **M**a**DR**e. En los códigos endolingüísticos la T puede ser reemplazada por la D, tenemos así MDR, en sus dos formas tenemos las palabras de **M**a**DR**e, **M**o**T**he**R**, **M**a**T**e**R**ia, **MTR**iz. Así, todo lo correspondiente a este elemento tendrá que ver con el cuerpo, la materia, el cuidado y el nutrimento. Observaremos que los dones relacionados con este elemento van desde el don de curar enfermedades físicas a través de diferentes vías, como las manos, plantas y otras herramientas, pasando por el trabajo con las fuerzas elementales, es decir, energías de la naturaleza como la magia natural que corresponde a los dones de este elemento. También incluye la elaboración de rituales para unir a personas y materializar o estabilizar relaciones o cuestiones materiales hasta culminar con el don de aparecer en otros lugares, es decir, la presencia física en otros espacios.

Este elemento corresponde al **estado sólido** de la materia, por lo que sus resultados se hacen palpables a los sentidos.

Las personas que más fácilmente pueden desarrollar estos dones son las que tienen como signo lunar al elemento Tierra: Tauro, Virgo, Capricornio.

Corresponden a los oros del uno al siete del Tarot.

Tabla de dones del elemento Tierra

ELEMENTO	**DON/DEFINICIÓN CORTA**
TIERRA Código MTR	**Manipulación de la materia**
1. Magia natural	Magia de la naturaleza. Magia elemental: agua, tierra, fuego y aire. Fuerzas elementales y naturaleza. Trabajo con Hadas.
2.Unión y creación	Ser centros de redes y conectar a personas. Unir en el amor y ayudar a tener hijos. Magia de ritos de paso en la Tierra.
3. Psicometría. Claritangencia. Cumberlandismo	Adivinación por contacto, ya sean objetos o cuerpos de personas. También llamado cumberlandismo.
4. Clarigustiencia	Llegan sabores para interpretar mensajes. Adivinar por sabores. Gusto claro. También llamado hipergeusia.
5. Purificación y abrir caminos	Limpieza o desalojo espiritual y material y apertura de caminos a la abundancia.
6. Materialización	Creación y manifestación
7. Don de curar	Don de sanar la enfermedad a nivel físico y

Los aspectos astrológicos tienen que ver con los elementos, sin embargo, siempre deberán tener algún aspecto o relación con la Luna.

ELEMENTO	Aspecto
TIERRA	**Luna en signos de TIERRA** **Casa VII o XII en Tierra** **Neptuno vinculado con Tierra**
1. Magia natural	Luna en general, principalmente en signos de tierra. Luna en casa VI. Luna en Virgo.
2.Unión y creación	Venus en tierra. Casa 7 en tierra.
3. Psicometría. Claritangencia. Cumberlandismo	Marte en tierra. Neptuno en tierra.
4. Clarigustiencia	Luna en Tauro.
5. Purificación y abrir caminos	Casa 2 en tierra, Luna en general en tierra.
6. Materialización	Saturno y Luna en tierra.
7. Don de curar enfermedades	Quirón y Mercurio en casa X, en casa XII o VI, en signos de tierra.

1. Trabajo con elementales y magia natural

Este don llega como resultado de trabajar con la manifestación de los pensamientos. Se es canal de potencialidades superiores. Se logra solidificar y manifestar en la vida lo que se desea. Todos los seres humanos tienen esta potencialidad, pero pocos la desarrollan, en este caso se ha abierto el canal y se está en contacto con las cualidades sutiles de la naturaleza.

Este rubro abarca el trabajo con los elementos y elementales de forma física, estas son las fuerzas de la naturaleza.

• Elementales:
- El agua para purificar, para baños, infusiones, pócimas.
- El fuego para transmutar, con velas, fogatas.
- El aire para pensamientos, trabajo con plumas, palabras, conjuros, visualizaciones.
- La tierra para estabilizar y manifestar, trabajo con plantas, piedras, cristales.
• Hadas: Se incluye aquí también el trabajo con las hadas y los seres del mundo feérico.
• Magia de la naturaleza: está de la mano con la magia con las fuerzas de los elementos, es el trabajo con las cualidades sutiles y físicas, de:
- Plantas
- Árboles
- Especias
- Flores
- Semillas
- Piedras
- Cristales

Dentro de sus combinaciones están:

- Esencias
- Atados
- Inciensos
- Polvos
- Plantas secas o frescas
- Elixires
- Tinturas

Estos elementos se pueden utilizar con cualquier fin mágico y de apoyo, su trabajo se relaciona con otros rubros de la sanación, purificación, protección, amor, manifestación, abundancia.

Lo que define al elemento tierra es su conexión con la naturaleza, el conocimiento de estas herramientas y su aplicación con gran sabiduría y sensibilidad para lograr fines materiales o manifestar.

Ejercicios de práctica:

1. Levantar un altar en tu casa o lugar sagrado con las fuerzas elementales y pedir que equilibren tu energía y la de las personas que quieras. De esta manera se establece un orden en el espacio.
2. Utilizar un muñeco de tela color verde y llenarlo de plantas para ayudar a alguien en objetivos específicos: salud, amor, espiritualidad.
3. Ir al bosque y abrazar a un árbol, sentir cómo te conectas con él y le pides que te comparta su sabiduría y que recoja lo que no necesitas. Los árboles transmutan.
4. Encantar la comida, tus aceites esenciales e infusiones (tés) diciendo: "Que se active el poder mágico de la lavanda para tranquilizarme". Visualizas que así sucede.

**Lo que está subrayado será sustituido de acuerdo con la planta y función. Si deseas saber más sobre este invito a mis blogs y en el libro de *Tratado de energías y defensa psíquica* TOMO II tengo una lista de plantas y usos, aunque principalmente son para protección. También en mi oráculo de hierbas mágicas podrás encontrar información.

Recomendaciones

a) Estudiar Magia Natural y Magia con los elementos
b) Meditar con los Tatwas
c) Estudiar Wicca o Witchcraft
d) Estudiar sobre Hadas
e) Estudiar sobre Cristales

2. Magia de amor. Don de unir a las personas y a los seres

Este don implica el generar una nueva posibilidad, alguien o algo más que surge, ya nos una persona más otra, sino una entidad o energía como resultado de la unión. Es unión y manifestación.

Este don consiste en tener la facultad de abarcar grandes ámbitos, de empatizar con las personas y establecer grandes amistades y de saber también las energías afines entre unas personas y otras. Aquí incluimos el don de hacer que las personas **se unan** en asociaciones o incluso en relaciones sentimentales para lograr un compromiso o estabilidad.

Todas las relaciones de las personas están constituidas en formas de redes, al igual que la unión entre las mentes, el inconsciente colectivo. Lo mismo sucede con las redes energéticas. Así se miran en tercera dimensión, aunque en cuarta dimensión en realidad son ondas. El punto central de estas redes son personas que cuentan con cierto brillo y carisma, dentro de este ámbito se encuentra este don, se hacer **ser centros de luz** para otras personas y de hacer que unas personas se conozcan con otras.

Don de convocar, conocer los pasos y llegar a la realización de rituales mágicos. Con estos uno se conecta a las fuerzas estelares y ayudan a las personas a conectarse con fuerzas superiores. Este don va de la mano de ser sacerdote o sacerdotisa.

Este don está relacionado con hacer que se unan personas como parejas amorosas, incluso lograr que se casen o se enamoren más. Es importante considerar la ética en este tipo de magia porque normalmente se hacen amarres y se atan energías, incluso almas. Las hechiceras con este don tienen una muy buena mano para que se manifiesten con éxito los hechizos de pareja. Les gusta hacerlos y son muy efectivas.

Es el don que se tiene en magia para ayudar a las personas a tener hijos, es decir, con el procrear, y no sólo seres humanos, sino proyectos que son como hijos.

Un don relacionado con la capacidad de presidir ritos de paso, es decir, el wiccaning en la Vieja Tradición, es conocido como bautismo en el catolicismo, *handfasting* o bodas, *passing over* o cuando alguien parte, entre otros. Es decir, las personas con este don están muy conectadas con los ciclos y su sincronicidad.

Ejercicios de práctica

1. Realiza la meditación de Mindfullnes o cualquier otra que te ayude a expandir tu corazón.
2. Para magia de amor visualiza todos los días que estás con alguien y que ese alguien está en tu corazón. Visualiza que siempre estás acompañad@, hasta que se materialice esa persona en tu vida.
3. Socializa mucho, todo el tiempo, una sonrisa es muy buena siempre, abre los campos y el corazón.
4. Perdona y agradece.

Recomendaciones

a) Practica la Magia de amor.
b) Identifica tus fortalezas y ver cómo andas en la parte de las relaciones.
c) Trabaja a nivel personal el área de las relaciones.
d) Estudia Wicca para conocer y practicar los ritos de paso.

3. Cumberlandismo. Psicometría.Claritangencia

Se logra el equilibrio de la materia, se ve en el otro el reflejo de sí mismo en armonía, es tal la belleza y armonía que uno se sintoniza con el otro, con las energías que fluyen libremente para dar una interpretación desde el corazón.

Es el don de adivinar mediante el contacto, en el psiquismo se llama psicometría que es la capacidad para leer a través del magnetismo, la energía de la persona y evidenciar elementos del presente, el pasado y predecir el futuro.

Psicometría es medir la mente, se toca o manipula algo con las manos y después se recibe la imagen que proviene de la energía que emana del objeto.

Este don tiene que ver con tomar algún objeto y sentir su energía, ubicar qué te hace sentir mediante el tacto. Los metales y las imágenes cargan mucha de esta energía, tocándolos se pueden descifrar muchas cosas.

Todos los seres vivos emanamos energía, y dejamos rastro de ella cuando tocamos o estamos en algún lugar. Las vibraciones que se quedan se pueden medir e identificar. Normalmente se utiliza para conocer algo acerca de los dueños de objetos o de lugares en lo que estuvo la persona o donde acontecieron sucesos que queremos conocer.

Hay que tener mucho cuidado con los objetos porque estos cargan la energía de sus dueños anteriores.

Esto también es llamado claritangencia que es la claridad en el toque. La claritangencia está muy conectada con la clarisentiencia o clariempatía, ya que a veces se toca la mano de una persona y además de que se detecta mediante el toque, se detecta mediante la empatía.

De lo más útil con la claritangenica tenemos la intuición médica, ya que puede ayudar a identificar una deficiencia o enfermedad. Tocando la mano de la persona puedes recorrer el cuerpo con tu visualización e identificar lugares vacíos de energía, esto en su forma de visión se llama clarividencia médica.

La definición de **cumberlandismo** en forma resumida es la facultad de captar los pensamientos, imágenes, sensaciones, etc. por medio del contacto directo físico, se le considera adivinación por contacto o visión dermoóptica, es una forma de telepatía desarrollada y dada a conocer por Stuart Cumberland que fue quien por primera vez utilizó la técnica en actos de magia. Es la capacidad de leer a través del contacto con la piel de la otra persona.

El cumberlandismo no es una actividad que tenga incidencia parapsicológica directamente, ya que la misma puede tener una explicación física demostrable. La persona que posee dicha habilidad puede sentir los impulsos musculares de los individuos con el contacto directo. Por ello al poseer una sensibilidad mayor que lo normal, el mismo recibe mensajes mediante impulsos musculares a ciertos estímulos verbales o mentales realizados, al sujeto con el que se experimenta.

La **psicometría** (psicoscopia) es la percepción de sensaciones sobre personas, lugares y hechos tomando en las manos objetos (testigos) relacionados con ellos (que han estado en su poder, en el caso de personas), o sólo conociendo su nombre. La palabra psicometría que significa medir la mente se deriva de las palabras griegas *psique*, que significa alma y *metron*, que significa medir. La psicometría en resumidas cuentas es cuando tocamos o manipulamos algo con nuestras manos y después recibimos una imagen que proviene de la energía que emana el objeto.

A la acción de "leer" un objeto de esta manera se le llama "psicometrizar". La información obtenida provendría de vibraciones impregnadas en los objetos por emociones y acciones pasadas.

Trabajar con la psicometría es una excelente manera para desarrollar la clarividencia.

Los seres humanos y todos los seres vivientes estamos compuestos de energía: los árboles, las flores, los insectos, los perros, los gatos, el ganado, los conejos y los pimientos verdes tienen vida, es por eso que todos tienen energía. Esta energía es calor y nuestros cuerpos dejan un rastro cuando salimos de una habitación o tocamos un objeto. Esta energía se puede detectar con instrumentos infrarrojos, a esto se le llama psicometría. Podemos sentir y ver información por medio de las vibraciones que se quedan en un objeto o, en otras palabras, podemos leer al objeto.

Diane Davis cree que todo en nuestra existencia es energía, los lugares en los que hemos estado, cada palabra que hemos pronunciado, todo lo que hemos hecho, la ropa que hemos usado y todo lo que alguna vez hemos tocado ha absorbido nuestra esencia. Ésta es una excelente explicación de por qué sentimos vibraciones cuando entramos a un edificio viejo. La energía residual de hace muchos años permanece en el edificio. Otro ejemplo sería el de entrar a una habitación en la que dos personas acaban de tener una discusión verbal, la energía negativa se ha quedado ahí, las palabras aún están presentes en la energía dentro de la habitación y podemos sentirla.

Cuando trabajamos con la psicometría, hay ocasiones en las que un objeto vibra o se siente frío al tocarlo, esta puede ser una manera de llamar nuestra atención o quizá la vibración o el frío nos están diciendo algo acerca de su dueño. Hay veces en que la sensación de frío o calor puede ser una forma de ponernos al tanto sobre otras imágenes o pensamientos. La manera en la que interpretamos lo que vemos y sentimos se basará en nuestras experiencias de vida, nuestra educación, los lugares y personas que hemos conocido, nuestro pasado, nuestra filosofía de vida y así sucesivamente. Todas las experiencias que hemos vivido están almacenadas en nuestro conocimiento, es nuestra base de datos personal, la que nos ayuda a interpretar.

Un concepto equivocado que tienen las personas es que algunas veces piensan que cuando se psicometriza un objeto, tal como un collar, este debe ser usado por mucho tiempo antes de las psicometrización para que la energía sea más intensa, sin embargo, la energía se absorbe rápidamente.

Para probar esto, en una ocasión se hizo un experimento en un taller, se planteó que los participantes hicieran un pequeño dibujo con un marcador de color sobre un palillo de madera. Se les dijo que dibujaran algo muy simple como dos líneas o sus iniciales era suficiente. Los alumnos hicieron lo que se les indicó, tomaron los palillos en sus manos, los colocaron dentro de una canasta y se dividieron en 3 grupos, cada uno de los estudiantes comenzó a leer los palillos de los demás con excelentes resultados. Esto probó que a donde quiera que vayamos y cualquier cosa que digamos tiene nuestra energía.

La psicometría puede ser divertida y entretenida, pero también puede ser un reto. Si psicometrizamos un objeto cuando no sabemos a quién le pertenece, este nos proporciona un elemento neutral con el cual trabajar, como cuando utilizamos símbolos, no tenemos ninguna conexión con el objeto, por lo que podemos recibir desde un punto neutral. Cuando sostenemos un objeto y no sabemos a quién le pertenece, no nos involucramos con la reacción de alguien ni nos distraemos.

Ejercicio de práctica

1. Reúne de seis a ocho sobres del mismo color y tamaño. Espolvorea una especia dentro de cada uno de ellos. Pueden ser sal, pimienta, mostaza, albahaca, azúcar y así sucesivamente, puedes también incluir algún objeto. Revuelve los sobres para que no puedas distinguir uno del otro. Practica oliéndolos para saber qué especia hay en cada uno. Ahora tállate las manos y trata de identificar qué hay adentro de cada uno de los sobres. No dejes de hacerlo hasta que seas capaz de identificar el contenido de cualquiera de ellos utilizando solamente la psicometría. Escribe los resultados.
2. Toma algún objeto de otra persona que no sepas de quién. Dirige tu energía hacia el objeto. Trata de sentir. No juzgues la información, describe lo que sea que te viene a la cabeza. Sostenlo por al menos un minuto. ¿Viene frío, calor, alguna sensación, zumba o algo así? Visualiza si te llega alguna letra o inicial, color, lugar. ¿Se siente energía femenina o masculina?
3. Toma algún cristal o planta en tu mano derecha. Relájate. Siente. Pon tu mano izquierda encima y sigue sintiendo, ¿Qué te dice? Las interpretaciones las damos nosotros mismos de acuerdo con nuestra propia experiencia de vida.

4. Pide a varios amigos que cada quien traiga un objeto, colócalos todos en una bolsa, que no sepas quién trajo qué. Recoge un objeto de la bolsa ¿Cómo se siente? ¿Calor o frío? ¿Te viene a la mente algún lugar? ¿Algún color? ¿Pasó por generaciones o no? También puedes identificar de quién es ¿es feliz? ¿está triste? ¿emocionado? ¿deprimido? Podrás recolectar muchos datos más.

Recomendaciones

a) Estudia clarividencia y psiquismo
b) Limpia los objetos siempre si ha sido poseídos por alguien más, puedes hacerlo con salvia.
c) Haz ejercicios constantes con objetos o cosas para ver qué imágenes te vienen.

4. Clarigustencia

Se tiene dominio de los puntos cardinales, se integra el pensamiento, sentimiento e intuición y se conoce, a partir de la experiencia y los diferentes tipos de intuición, lo correcto y viable, de lo incorrecto e inviable. Se tiene un juicio justo y objetivo.

Este es el gusto claro, es decir, llegan sabores físicamente por medio del sentido del gusto que avisan sobre presencias o situaciones.

A veces puede suceder que saboreamos algo sin haberlo probado antes y sin que siquiera hayamos comido algo. Muchas veces la clarigustencia puede evocar a una visión o clarividencia; puede ser posible que reconozcamos a alguien por el sentido del gusto espiritual. Esto sucede cuando estamos comiendo algo y nos cambia de sabor. El sabor relacionado con la persona fallecida nos hablará de su presencia.

También se refiere a situaciones en la que se presiente algo, como cuando se dice: “Esto no me sabe bien”, es este “sexto sentido" que le llaman, que no es más que la exaltación del sentido del gusto para determinar situaciones positivas o negativas vinculadas con el sentido del gusto.

Se le llega a relacionar con el quinto chakra o chakra laríngeo.

Algunas veces se puede llevar a cabo un viaje astral al pasado o a otros lugares a través de un olor o de probar una comida.

Ejercicio de práctica

1. Cuando debas tomar una decisión, pregúntate si esto es para el mayor beneficio de los involucrados. Pregúntate si esto honra su esencia y evolución. Escucha tu corazón, siente en tu garganta, identifica el sabor. Si es adecuado y te sienta bien, entonces es lo correcto, si no es así y el sabor es agrio o amargo, siendo las respuestas negativas, entonces no lo hagas. Acostúmbrate a hacer esto y cada vez será más automático.
2. Cuando estés trabajando en el contacto con los espíritus. Algunos de ellos, al hacerse presentes, te mandarán un sabor de boca de acuerdo con lo que les gustara en vida o de acuerdo con algo que compartían. Esto es un mensaje o te están avisando de su presencia, así que pon atención y encuentra cómo se relaciona lo que estás haciendo con eso. Puede suceder también que pierdas el gusto (descartando causas físicas reales), esto es también un mensaje que te están dando los espíritus. Elabora una lista de 5 personas que hayan fallecido y relaciónalas con algún sabor. Visualiza a las personas y trata de ubicar el sabor. Ya sabrás en la siguiente ocasión que están tratando de avisarte o comunicarte algo.
3. Puedes relacionar un sabor con la respuesta sí y otro con la respuesta no. Por ejemplo, dulce para sí, y amargo para no. Ubica bien estos sabores. La próxima vez que tengas una duda, encuentra la respuesta dada por los espíritus a través de los sabores.

4. Enfócate en tu chakra de la garganta mira una luz azul en él. Pregúntale qué necesitas comer en ese momento que te haría bien. Trata de ubicar el sabor de lo que necesitan.

Recomendaciones

a) Estudiar clarividencia y psiquismo con el fin de detectar las señales a través de los otros sentidos.
b) Hacer caso a tu intuición.
c) Realizar una lista de sabores y temas relacionados con ellos.

5. Purificar y abrir caminos. Magia de abundancia

También llamado el don de la magia de abundancia.

Cuando ya se ha trabajado en el mundo, existe la posibilidad de establecer un puente o usarlo hacia esferas superiores. Es un proceso muy transformador, donde se han sanado heridas, se ha purificado el alma. Se hace el cono de poder donde se rompen limitaciones y las fuerzas fluyen, de aquí se salta a la bilocación.

Este es el don de poder limpiar las energías, ya sea con el cuerpo, las visualizaciones o los elementos de la naturaleza.

El don de purificar el alma y el cuerpo, de hacer que las energías fluyan en un torrente de vida. Es también el don de abrir los caminos de la persona, cuando esta se ha desconectado de la Tierra perdiendo su conexión.

Cuando los caminos están cerrados (chakra y subchakra raíz cerrado) las cosas no avanzan ni salen bien para la persona; por ello va de la mano la purificación con la apertura de caminos a la abundancia de todo lo bueno en la vida.

Las personas que cuentan con este don pueden ayudar a otros a atraer riqueza, normalmente a ellas se les da también debido a que tienen el canal de conexión con la Tierra abierto debido a su contacto con la naturaleza, a su amor por ella o porque pertenece a alguna tradición animista o de conexión con la Tierra, como Wicca y celebra las cosechas y los equinoccios y solsticios.

Ejercicio de práctica

1. Realízate un baño de purificación con albahaca, romero y jengibre.
2. Limpia tu aura y espacio con una escoba mágica.
3. Camina descalzo por el pasto o la arena para reconectarte con la tierra y transmutar lo negativo en positivo.
4. Báñate con semillas consagradas para atraer la abundancia y fertilidad de la Tierra. Tus semillas las puedes consagrar en los Sabbats (rituales wiccanos de las estaciones y las cosechas).
5. Realiza un cono de poder de abundancia: Inhala luz y exhala visualizando que toda tu aura se expande, llénate de esa energía. Ya que te sientas completamente cargado de esa luz, traza una espiral con tu mano (si tienes vara mejor), y de arriba baja un cono de poder (con la punta arriba), visualízalo de luz verde; mientras baja la luz verde, repite: "*Cono de poder de luz verde de abundancia actívate*". Llénate de la sensación de la abundancia. Después repite: "Estoy llena de abundancia material y espiritual y la comparto".
6. Bendiciones de la Diosa Démeter y de Sandalfón: Es un ritual donde una vez dentro del círculo (ya sea de luz o trazado de la manera wiccana), vas a invocar a la Diosa Démeter tres veces mantralizando su nombre, después llamarás a Sandalfón. Visualizas que llega un arcoíris por tu cabeza, les pides que traigan la abundancia material y espiritual a tu vida. Una vez que estés invadida de esa energía (o la persona a la que estás asistiendo), extiendes tus manos y visualizas que un arcoíris sale de ellas. Tomas semillas (lo ideal es que hayan sido bendecidas en algún Sabbat) y pétalos de flores. Visualizas que

se derraman y multiplican en tus manos. Ahora derrámalos sobre tu cabeza (o la del paciente) y ve pidiendo que se abran los caminos y se multiplique la abundancia y prosperidad, pides que se coseche todo aquello que has sembrado. Al acabar las semillas y las flores visualizarás que te conviertes en un árbol, verde y frondoso y que das frutos. Al final das las gracias y despides a Démeter y Sandalfón pidiéndoles que partan pero que te dejen sus bendiciones de abundancia.

Recomendaciones

a) Realizarte limpias energéticas al principio de cada mes para abrir los caminos a las energías positivas.
b) Aprovecha los Sabbats de cosechas para bendecir tus semillas.
c) Siempre que recibas dinero repite: "*Que se te multiplique*".

6. Materialización

Es cuando los polos de la manifestación se han unido, es la copulación. La espiritualización de la materia o materialización del espíritu. También es el contacto con los guardianes.

Dentro de la sabiduría obtenida existe la posibilidad de la cocreación, de la materialización de mundos y galaxias.

El don de densificar la energía astral y etérica para materializar objetos y situaciones en la vida de las personas. Está relacionado con el don de la manifestación de lo que se piensa y desea.

En realidad, esta es una cualidad que tienen todos los seres humanos, pero con trabajo espiritual y una gran voluntad, se puede llegar a desarrollar más este don, el de materializar nuestros sueños.

El punto cúspide es materializar objetos de la nada en las manos. Hay algunas personas que llevan a cabo esto de manera extraordinaria como Sai Baba.

La Magia Natural tiene como objetivo materializar deseos u objetivos mágicos, cuando se trabaja con las fuerzas elementales y sus espíritus, esto ayuda en la materialización, es decir, la manifestación de los deseos mediante el uso de herramientas o catalizadores. Dentro de la manifestación más elevada, tenemos aquí el poder de convertirse en cocreador de la propia vida o incluso de vida y formas en otras dimensiones.

Ejercicio de práctica

1. Relájate profundamente. Date cuenta que eres una manifestación espiritual y que todo lo que existe es energía densificada. Date cuenta que cuando te has purificado, cuando estás equilibrado y en coherencia, eres capaz de materializar todo aquello que quieras. Ahora crea una imagen de cómo quisieras estar en tu vida. Visualízate ejerciendo en la vida de esa manera y llénate de la emoción que te genera. Poco a poco deja que las imágenes se desvanezcan. Repite esto durante 21 días para que se manifieste. Puedes hacerlo con aquello que desees. Te recomiendo enfocarte en un solo objetivo por vez.
2. Siempre, al realizar un hechizo, visualiza que estás logrando el objetivo deseado. Hay catalizadores de la magia, objetos que fungen como herramientas para canalizar las energías y ayudarnos a materializar, tales como las velas, plantas, cristales, etc. Siempre dales la intención y visualiza que sucede lo que quieres para que se materialice, si además le agregas la emoción de tu deseo cumplido, hay altas probabilidades de que se manifieste.
3. Relájate. Visualiza que estás en una playa. Te sientes super feliz y agradecido por lo que está pasando. Llega una botella con un pergamino, lo abres y observas que está en blanco, el frasco también contiene una pluma. Escribe ahí el deseo que tienes, dando gracias al universo. Lo colocas en la botella y la arrojas al mar, permitiendo que se lo lleve la marea. El universo cósmico representado en el mar ha tomado tus palabras. Visualiza que tu deseo se hace realidad.

Recomendaciones

a) Estudia magia natural.
b) Visualiza en positivo, siempre. Cada deseo y visualización es una orden al universo, incluso los miedos y pensamientos negativos manifiestan. “Piensa en grande y en positivo”.

7. Don de curar enfermedades

La energía y el poder de manifestación se dirigen al objetivo de curar las enfermedades del cuerpo y el alma. Se puede hacer uso de las plantas y otras herramientas, pero se logra el objetivo de sanar.

La persona que tiene este don siempre ha sentido la curiosidad de aprender sobre **métodos de sanación**, pero, además de los alópatas, le interesan otros métodos, donde se trabaje la enfermedad desde el punto de vista sistémico, es decir, la enfermedad vista como un símbolo de una falta de coherencia en los componentes emocionales, energéticos o espirituales y mentales, que se manifiesta en un síntoma físico. Estas personas no sólo se enfocan en curar el síntoma, sino que van al origen mismo.

Cuando están llevando a cabo algún método diagnóstico, estas personas sienten dónde está el problema y les llega inmediatamente una solución, lo que está muy relacionado con la clarisentencia y clarividencia médica.

Los sanadores tienen una función muy especial en la vida de la humanidad. Alivian nuestras dolencias físicas, mentales, emocionales y espirituales. Son ejércitos de la luz divina.

Las siete formas diferentes de sanar son:

1. **Sanar con las fuerzas de la naturaleza: Cristales** Incluye el conocimiento de las plantas, árboles, flores, especias, piedras, cristales, velas y hechizos para la sanación.
2. **Sanar con las fuerzas de la naturaleza: Plantas** Inclu-

ye el conocimiento de las plantas, árboles, flores, especias, aceites esenciales y derivados naturales de las plantas. piedras, cristales, velas y hechizos para la sanación.

3. **Sanar con las manos:** Hay personas que tienen los canales de las manos muy abiertos y general poderosa energía sanadora. Este don va desde un toque en un punto, la trasmutación por el pose de la mano, hasta el manejo de energía con las manos. Incluye también la invocación de seres para que hagan este tipo de trabajo ellos, o a través de la misma persona.
4. **Sanar mediante oraciones y visualizaciones**, también le llamo **sanación energética vibracional:** puede ser desde la visualización de la persona, sanación mediante la meditación, oración o el conjuro, sanación mediante colores frecuencias, sonidos.
5. **Sanación mágica:** mediante hechizos, limpias, símbolos, runas, Tarot, letras sagradas, figuras geométricas, etc. Añadimos en este rubro **sanar con herramientas mágicas**, que es la canalización adecuada de energías que se utilicen a través de algún instrumento, el don está aquí en la canalización de la energía mediante la herramienta. Éste puede ser desde una máquina, hasta una espada, vara, escoba.
6. **Sanación del alma:** Personas que sanan el alma, como los psicólogos, sanadores transgeneracionales incluyendo constelaciones familiares, coach, guía espiritual.
7. **Ser médico o terapeuta:** incluye a personas que sanan mediante técnicas más científicas o con una metodología más estructurada. Encontramos aquí a médicos alópatas, acupunturistas, masajistas, etc.

Como señalé, este don va de la mano con la clarisciencia o clariempatía: es el don de sentir lo que la otra persona está sintiendo a nivel de enfermedades. Es la intuición médica de la claritangencia. Y también llamada la clarividencia médica, cuando la persona penetra en el cuerpo y siente o mira lo que está enfermo.

Algunos de estos dones van de la mano de dones de otros elementos o incluso del mismo elemento, se complementan, todo es sistémico, natural y orgánico y nada está completamente separado.

Ejercicios de práctica

1. Visualizar que entra una luz blanca que viene del centro del universo e invade todo el cuerpo, después visualizar una luz verde que viene del centro de la Tierra. Llenarse de luz verde que ahora se combina con la blanca. Mediante las respiraciones acumular más y más luz. Después enfocar esa luz en el área enferma propia o de otra persona dirigiéndola de color verde mediante las manos y partiendo del corazón. Sentir amor y energía sanadora.
2. Trabajar con una vela verde, poniendo la runa de Uruz ᚢ en ella y untándola con una combinación de aceites esenciales o bien usar sólo eucalipto. Visualizar mientras se enciende la luz de la vela que la persona sana.
3. Tomar diariamente una gota de aceite esencial de romero por las mañanas y tomar una gota de aceite esencial de cilantro por las noches para mantener la salud.

Recomendaciones

a) Estudiar aromaterapia y sus usos en el cuerpo físico contra enfermedades.
b) Estudiar herbolaria mágica y cristales.
c) Estudiar algún tipo de sanación holística
d) Practicar Reiki, Magnified healing, energía universal.

Capítulo 4. Dones del elemento Fuego

El elemento fuego tiene que ver con la fuerza primigenia del universo. Está relacionado con el deseo de dar y recibir, es la voluntad personal que una vez evolucionada, se da cuenta que sólo es un canal de la voluntad divina. Es la fuerza primigenia que ha sido representada por la serpiente.

La energía que conocemos en términos de magnetismo está presente en todo, la atracción de sus polaridades permite el movimiento. El girar permite el intercambio entre estas dos energías.

Los dones del elemento fuego corresponden a facultades que tienen que ver con la voluntad, la fuerza. Es el manejo adecuado de las energías. Cuando se ha meditado lo suficiente, es posible controlar esas energías y darles un cause favorable.

Las personas que tienen dones del elemento fuego normalmente tienen mucha energía, en su carta astrológica deberá estar muy presente este elemento.

El código del elemento fuego es el **GN** que se encuentra presente en el arcano de la Fuerza del Tarot. Es el código generatriz, el código de la Fuerza Creadora, de la energía presente en el Cosmos. En el conocimiento humano es la capacidad de generarlo una vez que se ha llegado a la sabiduría; co**GN**oscere de donde deriva nuestra palabra "conocer", está relacionada con el fuego interior. Es la idea generatriz, la fuerza de donde viene el nacimiento. Es la chispa de vida.

Es la fuerza del dragón y la voluntad en todas sus dimensiones, trabajada o no. Es el poder para crear y hacer magia, el poder de transformar.

Los dones desarrollados en este elemento tienen que ver con las energías, como la magia sexual, la transmutación, los dragones, ser guerrero de la luz, dar poder y protección.

Corresponden a los bastos del Tarot.

ELEMENTO	DEFINICIÓN CORTA
FUEGO	**Código GN**
1. Defensa Psíquica	El Guerrero de la Luz. Don de provocar cambios en el sistema, de defender, poner límites.
2. Magia sexual	Iluminación o acumulación de energía mediante actividades sexuales.
3. Iluminación	Gran poder para la iluminación espiritual tanto propia como de otros. Don de encender chispas.
4. Transmutación y sugestión	Poder de cambiar de forma y transmutar cosas. El poder de sugestionar a las personas. Glamoury.
5. Magia con Dragones	Trabajo mágico y poder con estos seres dimensionales.
6. Profecía	Iluminarlo todo y ver claro el futuro. Es un tipo de clarividencia.
7. Dar poder y protección	Son fuente de luz que empoderan a otros. Armas. Dar protección a nivel físico, emocional, mental y espiritual.

ASTROLOGÍA

FUEGO	**Luna en signos de FUEGO** **Casa VII o XII en Fuego** **Neptuno vinculado con Fuego**
1. Guerre@ de la luz	Saturno en fuego o haciendo aspectos con fuego. También en Cáncer o Leo. Mucho Aries.
2. Magia sexual	Mucho Aries. Una casa VIII fuerte. Aspectos Venus-Plutón.
3. Iluminación	Sol bien aspectado, vinculado con Aries o casa XII.
4. Transmutación y sugestión	Luna en fuego. Mercurio en fuego.
5. Dragones	Luna en signos de fuego, Sol en signos de fuego. Casa VI fuerte.
6. Profecía	Mercurio haciendo aspecto con Urano y relacionado con fuego.
7. Dar poder y protección	Júpiter en Fuego. Luna en Cáncer o Capricornio.

1. Guerrero de la Luz. Manejo del fuego

El inicio del fuego interno, se ha encendido la gran fuerza. Voluntad con sus potenciales. Una nueva visión. Un Guerrero de Luz. El poder del fuego interno para iniciar un camino espiritual.

Ser Guerrero de la Luz implica que formas parte de la contienda entre el bien y el mal. Los Guerreros de la Luz eran considerados heraldos que viajaban por el Universo, ellos eran los buenos que venían librando la gran batalla entre el bien y el mal, ellos eran los defensores de los desvalidos, los débiles y oprimidos y tenían las agallas para la lucha contra el mal.

Si eres un Guerrero de la Luz, tienes una gran capacidad de lucha contra las fuerzas adversas del mal, puedes hacer limpias profundas, quitar bujerías e incluso hacer exorcismos. Puedes enfrentar a entidades oscuras sin temor. Sabes defenderte y poner límites.

Eres una pila de energía, tienes energía suficiente para hacer muchas cosas durante el día y nunca cansarte. Eres una fuente infinita de poder en acción.

Luchas por causas, abres nuevos campos, no temes, tienes convicciones bien marcadas y peleas por ellas hasta el final, eres activista y combates por la justicia y las virtudes, exaltas los valores supremos con valentía y a veces con temeridad.

Tu participación es crucial para el gran cambio de los tiempos. La ascensión.

Al tener la llama encendida y ser un canal de la energía del fuego. Por lo que la adivinación con el fuego llamada piromancia y el manejo del fuego llamada la piroquinesis que es la capacidad psíquica que permite a una persona crear y controlar el fuego con la mente. Es decir, hacer que se eleve o desvanezca, incluso se puede hacer que aparezca. También se puede ayudar a la persona a realizar desalojo de energía mediante el fuego de una vela o círculos de fuego ya que se tiene una estrecha relación con las salamandras, que son las fuerzas elementales del fuego.

Ejercicios de práctica

1. Realizar ejercicios físicos de canalización de energía, puede ser artes, deportes o alguno de tipo psicofísico como las artes marciales orientales.
2. Canalizar esa energía a través de practicar la magia.
3. Hacer ejercicios para canalizar la voluntad, como los de Carlos Castaneda que le llama intento.
4. Traza un círculo con alcohol, ten mucho cuidado utiliza un recipiente con un pequeño orificio, te recomiendo usar algún recipiente de aplicación de tinte de pelo. Una vez trazado el círculo, con la persona adentro, préndele fuego, pide a la persona que salte y después traza una espiral o un pentagrama al centro del círculo. Mientras llevas a cabo esto, reza a las salamandras y energías del fuego pidiendo que se lleven cualquier conjuro, hechizo, mala vibra y demás.

5. Practica con una llama de la vela pidiendo con tu mente que se eleve o se mueva.

Recomendaciones

a) Estudia Defensa Psíquica.
b) Realiza magia sexual.
c) Puedes identificar si eres uno preguntando simplemente al péndulo. Si la respuesta es un sí, te recomiendo estudiar sobre Defensa Psíquica y ponerte a trabajar en el tema.

2. Magia sexual

La visualización de otra llama encendida, el reconocimiento del brillo del otro, la luz en sus ojos que te ayuda a iluminar tu camino.

Poder reconocer al otro y querer elevarse en luz a través de la unión y disolución de las individualidades para fundirse en un fuego único.

Es la facultad de utilización de la magia sexual, esto es, utilizar la energía generada mediante el acto sexual magnético para atraer lo que deseas.

Implica, así mismo, llevar a cabo prácticas de magia sexual para la elevación de la conciencia, en un círculo, invocando a las fuerzas necesarias y fijándote un objetivo.

Ejercicio de práctica

1. Elabora un sigilo que represente aquello que deseas. Justo cuando estés en el acto sexual, mira o visualiza el sigilo para que se llene de fuerza e impacte en el inconsciente. Tu deseo deberá manifestarse.
2. Cuando te encuentres en el acto sexual visualiza cómo la energía fluye en círculo desde tu chakra raíz y gira llegando al corazón, circula hacia tu pareja desde este chakra, inter-

cambiando energía; pasa por el cuerpo de tu pareja y regresa por el chakra raíz.

Recomendaciones

a) Practicar kundalini yoga.
b) Practicar alguna técnica tántrica.

3. Iluminación

El triángulo perfecto, la insuflación del espíritu, el seguimiento de la llama superior. El propósito de ir hacia la luz. Comprensión del llamado. Darse cuenta de quién se es, luz en la oscuridad, descubrimiento de los dones.

Tienes gran fuerza que te fue dada para lograr la iluminación o divinización a través del manejo de esta energía. Eres una fuente inagotable de sabiduría y poder.

Al tener encendida esta chispa en ti, podrás encenderla en otras personas, activando así, su fuego interno.

Esta fuerza es el kha, la fuerza recibida del Sol que llena de vida y poder.

Debes tener cuidado porque es posible que, cuando esta energía no está bien trabajada, se convierta en combatividad o agresividad.

Es tanta tu luz y la elevación de tu espíritu, que puedes encender la chispa de las otras personas, a través de la enseñanza, el amor o incluso un toque. A veces tu sola presencia eleva.

Ejercicios de práctica

1. Medita todos los días encendiendo tus chakras como flores del color de cada chakra, comenzando por la coronilla-blanco, tercer ojo-azul índigo, garganta-azul, corazón-verde, ple-

xo solar-amarillo, sacro-naranja, raíz-rojo. Visualízate con todos los chakras encendidos.

2. Lleva a cabo un diario de navegación donde escribas todo lo que te pasó en el día y escribe qué hubieras cambiado y haz un compromiso moral para el día siguiente.

Recomendaciones

a) Practica la magia, la alquimia y el Intento.
b) Lleva a cabo prácticas de manejo de energía como chi kung, yoga, bioenergética, así como ejercicios psicoactivos de las escuelas de misterios.
c) Trabaja con pranayama o alguna técnica de respiraciones.
d) Estudia caminos iniciáticos occidentales: Astrología iniciática, Tarot iniciático, Qabalah mística, Alquimia interior.
e) Involúcrate en algún camino espiritual de oriente como el budismo.

4. Transmutación y sugestión

Los cuatro puntos encendidos, el equilibrio y la perfección, los puntos en la totalidad iluminados.

Al encontrar la perfección y haber logrado la estabilidad se puede lograr la transmutación.

Este es un gran don que permite transformar las cosas y la vida de las personas. Los individuos que tienen este don, cuando tocan a los otros, los transforman, cambian su existencia, siempre hay un antes y un después de conocer a alguien con este don. Va de la mano del carisma.

Este don abarca tres áreas distintas: *Shape shifting* o cambio de forma, la sugestión (persuasión) y la transmutación de energías.

El don de cambiar de forma física o "*shape shifting*"; es decir, de transformarse en animal o en otra persona. Esta facultad se desarrollaba mucho en la antigüedad, aunque realmente los que lo llevaban a cabo eran seres "no humanos". En los antiguos mexicanos era el poder de cambiar el punto de encaje. Se dice que en realidad cuando cambias tu percepción del mundo y accedes a la energía de la quinta dimensión, cambias la percepción de la tercera y cambias de forma rompiendo el espacio. Esto se logra mediante el rompimiento de los parámetros de percepción, los paradigmas de la creencia de lo que somos y nuestro cuerpo. Todo comienza en la mente. Algunas veces mediante sustancias alucinógenas se rompe esta estructura, pero en realidad la plataforma y la limitación al mismo tiempo está en nuestra mente. Cuando tenemos la completa comprensión de que somos dioses y que podemos transformarnos y transformarlo todo, entonces este poder se activa.

El primer paso es la sugestión, que es lo que usaban los grandes Magos de la antigüedad; por ejemplo, se dice que Rasputín logró grandes hazañas y escaló tan alto debido a su gran poder de sugestión.

Nosotros le llamamos *glamoury*, que sería magia glamour. Este tipo de magia provoca que las cosas se vean diferentes de lo que son en realidad creando una apariencia o ilusión. Incluso hacen que la persona crea que siente algo que no es realidad, es más, se puede convertir en una obsesión. Se ha utilizado desde tiempos remotos para ocultar cosas. Sólo los videntes se dice que pueden ver más allá de esta sombra. Se dice que los espíritus oscuros usan este tipo de técnica para no ser detectados y pasar desapercibidos.

En Wicca también se practica mediante los conos de poder para volverte invisible o que te miren de cierta forma.

Con este don, que es la magia de ilusión, logras que los demás crean o miren lo que tú quieres que vean, esto va desde una ilusión óptica hasta un pensamiento o acción. En términos mundanos es el gran poder de la **sugestión**, por lo tanto, también es el gran poder de convencer a los otros. En términos aún más mundanos vemos esta característica en la persuasión.

Tener este don es poseer la voluntad de dirigir las percepciones de otros. Se requiere de gran fuerza y voluntad para llevar a cabo esta facultad. La gran fuerza debe correr por todo tu ser, así como la firme convicción de lo que estás instalando en otros o incluso en ti mismo. Consideremos que nuestro cerebro está siempre influenciado. Podemos grabar órdenes o sugestiones siempre.

Una premisa sumamente importante es creer en nosotros mismos y que tenemos el poder de lograrlo, es decir, estar completamente convencidos, sólo así podremos sugestionar a otros.

Este don es muy aplicado en la terapia de hipnosis, donde se pone en estado alterado de conciencia a la persona; sin embargo, podemos sugestionar sin la necesidad de hipnotizar, tomando en cuenta que el estado alterado de conciencia es la inconsciencia y así se es más susceptible a la sugestión.

Una persona carismática tiene este don, porque una de las premisas importantes para sugestionar a otros es mediante empatía y una gran sonrisa, de esta forma el otro deja sus defensas a un lado, ya lo veremos a continuación.

Este don estaría muy relacionado con la telepatía y las formas pensamiento, ya que cuando sugestionamos enviamos formas pensamiento a los demás, lo cual tiene un efecto en su conducta.

Cuando eres muy consciente en el sentido de la consciencia plena o acrecentada, y sabes lo que te afecta y está sucediendo a tu alrededor puedes controlar todo, así como también sabrás protegerte, cómo, cuándo y con quién.

Es muy importante señalar que todo lo que hagas se te regresará tres veces tres, por lo tanto, ten cuidado con aquello que estás implantando.

Ejercicios de práctica

1. Conos de poder: Llénate de la energía de algún deseo que tengas, la puedes combinar con algún color. Por ejemplo, la de la belleza deberá ser naranja, la de la salud debe ser verde, la de la paz debe ser azul, la del amor rosa. Una vez elegido tu deseo, visualiza cómo baja un cono de poder con esa energía

naranja y te hace verte hermos@ de la forma de tu objetivo. Llénate de esa sensación. Verás cómo otros te van a percibir así.

2. Transmitir sugestión: Busca un lugar tranquilo. Respira profundamente 3 o 6 veces. Imagina a la persona a la que quieres sugestionar y mentalmente grita su nombre. La miras un poco alejada, le estás mandando la forma subconsciente. Visualiza que te hace caso y se acerca. Visualiza que conversas con ella y le preguntas lo que quieras y te contesta lo que tú quieres; por ejemplo: ¿Cómo te sientes hoy?/ Te sientes feliz y sano. Visualiza cómo sucede lo que estás solicitando.
3. A continuación, te daré varias acciones para lograr sugestionar a alguien:
   a. Repite tu opinión todo el tiempo, esto genera un efecto extraordinario, hasta llegar al punto en que se hace una realidad. Escucharla una y otra vez es más que suficiente. Estudios demuestran que con repetirlo tres veces es suficiente. Se le llama distorsión de la memoria. Es un fallo en el cerebro donde se une la repetición con asumir ciertos hechos. Esto hace que asumamos como verdaderas creencias sobre opiniones.
   b. Imítalo: Repite las últimas palabras de lo que dicen. Funciona porque después de varios estudios se ha demostrado que cuando pensamos que alguien es como nosotros, sentimos que debemos ayudarlo. Se les compra más aquellos que repiten ciertas frases o gestos. Las probabilidades de que te ayude suben al triple.
   c. Evita las tentaciones diciendo "no lo hago" en lugar de "no puedo hacerlo"; por ejemplo, cuando haces una dieta y quieres liberarte de los antojos di: "no como esas cosas". Esto sugiere que no es parte de tu vida y lo has eliminado.
   d. Llevar a cabo un hábito antes de comer hace que las cosas tengan un mejor sabor. Ejemplo: cantar las mañanitas antes del pastel, si eres religioso haces una oración antes de comer. Siempre asumimos.

e. Decir "estoy emocionado" reduce el estrés. No podemos trabajar al 100 si estamos asustados, angustiados o estresados. Decirte a ti mismo, es decir, autosugestionarte de una emoción positiva hará que mejores en esa área. Por ejemplo, puedes repetir "Mis hechizos funcionan" o "Soy inteligente".

f. Añadir una razón a las cosas que haces o pides. Ejemplo; Es muy diferente decir ¿Me puedes ceder tu lugar? A ¿Me puedes dar tu lugar? es que no llego al trabajo o es que en verdad necesito un pan. Los demás se resisten si les das tiempo para pensarlo. Cuando nos dan una razón contestamos inmediatamente que sí.

4. Aplica las siguientes técnicas de persuasión. Basadas en Dale Carnegie de su libro "Cómo ganar amigos e influir sobre las personas".

   1. Causar una buena impresión. Compartir una sonrisa sincera a las personas hará que les parezcas de confianza y no pondrán resistencia.
   2. Grábate su nombre de inmediato. Es la mejor melodía para ellos escuchar su nombre. Menciónalo siempre que puedas.
   3. Interésate sinceramente por la persona. El tema de lo que quieres venderle será el último. Platica de cosas en común.
   4. Escucha atentamente a la información y construye un lazo en el que esté en deuda contigo. Ofrécele ayuda en sus problemas o tu disposición en sus temas. Así te percibirá como una persona sincera y dispuesta y que le serás de utilidad.
   5. Una vez lo anterior, pasa a la negociación porque ahora bajará el candado de seguridad que tenía ante ti, los bloqueos estarán inhabilitados y cualquier propuesta, oferta o lo que sea que le plantees la tomará de forma más sencillas y la aceptará más rápido.

Recomendaciones

a) Estudiar magia glamoury.
b) Estudiar hipnosis y aplicarla.
c) Usar voz grave, siempre será más sugestionable.

5. Dragones

La espiral. La dirección de los fuegos que se unen en el centro como espiral, el espíritu manifestado en la llama única. La aparición del Dragón. Girar. Purificación por fuego.

La magia con dragones es de la más bellas que existen. El Dragón es nuestro alter ego, es decir, nosotros mismos en otra dimensión. Mientras crece nuestra magia y nivel de conciencia, crece nuestro dragón. El trabajo con el dragón se da automáticamente cuando comienzas a trabajar con la magia.

Tal vez has sentido sus garras en tus hombros, son las garras de tu dragón que te acompaña. Tal vez has sentido su energía que es el viento generado por sus alas en tus rituales.

Ellos te ayudan para tus fines mágicos, son grandes protectores e insuflan de poder y magia tus prácticas de hechicería.

Los dragones contienen en su esencia los 4 elementos, y debido a ellos se dice que son la energía del Gran Espíritu; aunque la energía que predomina es la del elemento fuego.

En este don están también las personas que pueden realizar círculos de poder y purificación con fuego.

Ejercicio de práctica

1. Meditación para firmar el libro draconis y conocer a su dragón. Primero hay que pedir a los dragones de los cuatro puntos cardinales que protejan el círculo.

MEDITACIÓN PARA CONTACTAR CON SU DRAGÓN

PASO UNO. Sintonícese.
Piense que desea ver a su dragón piense en una razón. La curiosidad no es suficiente. No se hace por diversión la búsqueda debe ser seria. Algunos aspectos válidos a solicitar al dragón son: magia, sabiduría, protección, guía.

PASO DOS. Relajación.
Realice alguna técnica de relajación, puede ser tensar el cuerpo y luego relajarlo.

PASO 3. Salga del cuerpo.
Una vez que su cuerpo esté totalmente relajado y no exista una sola área tensionada piense nuevamente en la necesidad de visitar a su dragón. Imagine su espíritu o alma desprendiéndose del cuerpo y gradualmente se aleja flotando. Ponga su centro de conciencia en su espíritu y podrá haberse relajado. Ya pacífico mentalmente, envíe protección a su cuerpo físico para mantenerlo seguro mientras usted está lejos.

PASO 4. Acérquese al templo del dragón.
Permita que su espíritu fluya a través del tiempo y el espacio.

Visualice su alma pasando como un rayo a través de un largo túnel y luego saliendo a un aire fresco y claro arriba en el cielo. Debajo de una colina pequeña y perfectamente formada con un templo majestuoso en la cima. Mientras desciende, observe que el verde césped ha sido cortado recientemente. Luce suave y velloso. El templo tiene varias figuras de dragones. Los muros son como escamas de un dragón. De pronto ve algunos volando por ahí.

Usted aterriza en un patio frente a la entrada principal del templo.

PASO 5. Entrada al templo.

Hay una manija en la majestuosa puerta de la entrada. Es una garra de dragón. La toca tres veces y debe decir: Draconis, draconis, draconis.

La puerta se abre. Primero hay una antesala enorme con dragones en vitrales enormes. Cruza esa antesala y se dirige a un gran salón que parece una enorme biblioteca. Llena de filas y filas de libros. Observe que muchos de los registros son libros, pero otros se encuentran en forma de rollos o tabletas.

Se acerca a una sala que contiene una gran mesa y una silla. En la mesa está el gran libro draconis. La habitación es cálida y confortable. Parece no haber fuente de luz, pero hay una total y uniforme iluminación. Usted se siente en paz en ese lugar.

Hay una pluma hermosa decorada con dragones y un libro, en la portada del libro dice: Registro para entrar en contacto con su dragón. Después dice: hago el compromiso de tener siempre presente a mi dragón y alimentarlo con mi comunicación hacia él y mi pensamiento siempre. Debajo de esto hay una lista de nombres.

Firma el documento.

PASO 6. Recordar al dragón.

Hay un libro al lado que contiene toda la información de usted y su dragón. Puede abrir el libro si quiere, también podrá dejar que la información fluya en su mente.

Ahí está cada contacto y cada pensamiento relacionado e inspirado por su dragón. Es el que lo ha empujado a la magia, al misterio, a lo desconocido, es el que le ha dado la fuerza.

Ahí están sus pensamientos y acciones conscientes y subconscientes de todas sus vidas. Sabe que es un registro, pues le habla telepáticamente comunicándole lo que deseas saber.

Absorberá la información de muchas formas. Una parte llegará como un sentido de entendimiento y conocimiento. Hay material que será representado frente usted.

Se dará cuenta de que su dragón siempre lo ha acompañado, que empezó siendo pequeño y ha ido creciendo mientras usted incrementa su conciencia.

PASO 7. El juramento.
Después de permanecer un rato en este templo, diríjase ahora a un salón contiguo. Va a mirar ahí muchas figuras de dragón en las paredes y los vitrales. Va a ver que hay algunos huevos de colores brillantes y hermosos.

Hay un altar al este, con los 4 elementos en recipientes maravillosamente adornados con motivos draconianos. Hay una espada en ese altar. Toma la espada, esta tiene un nombre, concéntrese y reciba el primer nombre que le llegue a la cabeza, ese será el nombre de su espada.

Arrodíllese frente al altar sosteniendo la espada por ambas manos. Hay un pentáculo de dragones en el altar. Mentalmente dice que se dedicará al estudio con la magia de los dragones. Envíe amor intenso tan fuerte como pueda a ellos. Continúe por bastantes minutos haciéndolo. Levántese y apunte con la espada al pentáculo diciendo:

A todos los dragones y señores de los dragones
Yo soy (Nombre mágico), un mago (a) que busca la magia del dragón
Con (Nombre de la espada) en mi mano, entro al reino de los dragones.
No por una batalla física, sino por conocimiento y poder.
Les agradezco dragones antiguos y sabios, y quedo en espera de su guía y bendiciones.

Continúa cargando la espada hasta que sientas las bendiciones y el poder.

PASO 8. Encontrarse con su dragón.
Se pone de pie y deja la espada en el altar, se dirige hacia el ventanal. Permanece ahí a la expectativa, de pronto escucha un aleteo, puede ver de reojo a su dragón y si tiene suerte se presentará ante usted y le dará su nombre.

El dragón aparece cuando él quiere y cuando usted está listo. Permanezca un rato con él para escuchar o sentir lo que tenga que decirle.

PASO 9. Regrese al presente

Cuando esté listo, lo que necesita hacer es pensar que es tiempo de regresar. Se despide con honores del dragón, haga una reverencia y dígale lo feliz que se siente de su reencuentro.

Recuerde que debe cumplir su promesa, recordarlo y poner cosas de dragón en su casa o altar.

Las puertas se abren y sabe el camino de regreso hasta el patio de entrada. Hace una reverencia al templo. Sabe que será bienvenido cada vez que desee volver.

Usted sentirá un repentino tirón instantáneamente estará de nuevo en su cuerpo físico. Usualmente el retorno es suave y sin esfuerzo. a veces podría sentir un repentino movimiento brusco mientras regresa.

Permanezca sentado en calma por un minuto antes de abrir los ojos y retornar a su estado cotidiano

Habrá ganado mucho conocimiento sobre su dragón y tendrá la alentadora convicción de que puede visitarlo cada vez que lo requiera.

Recomendaciones

a) Estudiar sobre magia con dragones
b) Colocar imágenes y figuras de dragones en su habitación y hogar. Hacer un altar para su dragón, si puede colocarle una silla para que a nivel simbólico él siempre esté ahí con usted.

6. Don de la Profecía

Las llamas encendidas en armonía, el acuerdo de los diferentes papeles y voluntades. Tres y tres girando a un lado y al otro (infinito). La perfecta armonía de las voluntades opuestas.

Personas que están conectadas con la gran sabiduría más allá de los tiempos. Pueden recibir, a través de la videncia o la clariaudiencia, información acerca de lo que va a suceder, pero no sólo a nivel individual, sino pueden mirar lo que le pasará a la humanidad.

El Dios Apolo es el Dios de la profecía. En la época en la que hubo un gran auge de profetas en la antigua Grecia. En el oráculo de Delfos una pitonisa entraba en estado alterado de conciencia y daba los mensajes en forma de símbolo. Se requería de intérpretes de estas pitonisas que fungían como las mensajeras de los dioses. Personas de todos lugares iban a consultar al oráculo como apoyo en la toma de decisiones.

Una profecía (del latín *prophetīa*, y este del griego προφητεία, o quizá del griego φαινος, aparición) es un «don sobrenatural que consiste en conocer por inspiración divina las cosas distantes o futuras».

La profecía no está apoyada de ninguna herramienta de predicción, es un don sobrenatural, de inspiración divina. Así, se sitúa a las profecías mayormente en el ámbito de la fe, sin ligarlas necesariamente a un razonamiento en la previsión del resultado predicho.

Normalmente, los profetas son personas que tienen un gran impacto en la sociedad, para que su mensaje logre alcance. La diferencia entre un adivinador y un profeta es que las profecías nunca cambian y su alcance es mundial.

En grados diversos y formas variables, las religiones de la antigüedad hicieron referencia a hombres «inspirados» que afirmaban hablar en nombre de su dios. Pero en las grandes religiones monoteístas (judaísmo, cristianismo, islam), las manifestaciones extraordinarias nunca constituyen lo esencial en los profetas, que se distinguen claramente de otros exaltados o simuladores por tener simplemente carácter de mensajeros. Las profecías eran, pues, consideradas indicadores del designio de Dios. En diversas religiones se afirma que muchas de las profecías dictadas por los profetas se han cumplido.

Una de las más impactantes y abrumadoras es la del Apocalipsis.

Ejercicio de práctica

1. El uso del aceite esencial de Laurel ayuda en el don de la profecía. Esta se logra cuando hay una misión y una fuerte conexión divina, es la obligación de la persona difundir el mensaje. Colócate el aceite esencial en el tercer ojo.
2. Ritual para tener sueños proféticos:

Dice Cornelio Agripa: "Aquel que consiga los requisitos que daremos a continuación, alcanzará las más claras profecías en sus sueños."

Busca en tu carta natal el signo que se encuentre en la cúspide de la casa IX y se buscará la noche en la que la Luna se encuentre bajo dicho signo.

Deberás haber hecho ayuno ese día y por lo menos tres días antes, practicar la castidad y la pureza, y mantener la mente libre de superfluidades, mundaneidades y vapores que entorpezcan el buen ánimo.

"El lugar de descanso debe haber sido consagrado y sus lienzos puros y blancos". Esto lo lograrás mediante agua bendecida con aceite de consagrar:

Aceite de consagrar: 3 gotas de cedro, 2 de sándalo o mirra, 2 de albahaca, 3 de jazmín o rosa, 2 de romero, 2 de canela. En 15 ml. Rellenar con aceite fraccionado de coco o romero.

“Se perfuma el lugar con las esencias pertinentes”. Untado en sienes con aceites esenciales:

Mezcla de sueños proféticos: 2 de magnolia, 2 de naranja, 2 de violeta o bergamota, 2 de lavanda.
En difusor: Manzanilla, sándalo, neroli, lavanda, ylang ylang, bergamota; 2 gotas de cada uno.

Escribir en una hoja del papel más virgen posible:

“Recordaré mis sueños positivos y negativos. Nada puede impedirme recordar mis sueños. Estoy preparada para la verdad. Los recuerdo todos y tengo revelaciones proféticas.”

Ungir con la mezcla de las sienes en el pergamino.

Tomar turmeric (cúrcuma) y copaiba antes de dormir y colocar en las palmas de las manos y de los pies aceite esencial de abeto siberiano o algún abeto.

Medita pensando en las respuestas que quieres encontrar, hasta quedarte dormida.

“De esta forma durante dicho sueño operante alcanzará sueños ciertos y muy verdaderos acerca del porvenir... se encontrará iluminado de inteligencia.”

¡Felices sueños!

Recomendaciones

a) Si llegamos a tener alguna visión siempre recordarla y buscar su significado. Escribirla en nuestro grimorio o Book of shadows.
b) Estudiar sobre símbolos.

7. Don de dar protección

El don de dar poder y protección. La organización de los fuegos alrededor del único. El círculo protector. La aparición de la esfera que lleva a otros planos.

Es la capacidad que tienen algunas personas de proteger tanto a nivel físico como a nivel mental, emocional y espiritual. Tomemos en cuenta que la Tierra es la madre protectora, con una gran voluntad y todos los seres que la habitamos somos sus hijos. Por tanto, el poder de dar protección, incluso, de invocar a espíritus para la protección cabe en este rubro.

Dentro de la protección tenemos las siguientes clasificaciones:

- Proteger a través de la mente mediante visualizaciones y escudos de protección.
- Proteger mediante hechizos.
- Proteger mediante invocaciones.
- Proteger a otros por estar en nuestra compañía.
- Protección mediante espíritus.

Ejercicio de práctica

1) Visualiza una esfera de luz que te protege de color azul pastel. Hazlo todas las mañanas.
2) Visualiza una cúpula de luz dorada que cubre tu casa.
3) Invoca a las fuerzas superiores, pide por su protección.

Mientras más repitas cualquiera de los escudos de protección anteriores, más fuerte y duradero será.

Recomendaciones

a) Para llevar a cabo este don, es necesario haber fortalecido lo suficiente tu luz, mediante la meditación y acumulación de energía, de tal forma que trascienda en el astral, debido a que la protección se lleva a cabo con la frecuencia de luz en el mundo etérico y astral.
b) Realiza oraciones de protección y pide ayuda de los espíritus.
c) Lee mi libro de "Tratado de defensa y protección psíquica", ahí encontrarás infinidad de información y hechizos sobre protección y defensa psíquica.

Capítulo 5. Dones del elemento Agua

El elemento Agua está relacionado con la unión de todo, con als emociones y la sensibilidad, y con la intuición, pero del sentir, más que del pensar.

Son los dones relacionados con el psiquismo, la fusión con el otro, la sensibilidad, los vínculos, el amor como la sanación de emociones, sueños, fluir, bendecir.

Es el código **MR**, es el código de Mar, son las aguas, la sensibilidad que nos llevas y es muy maleable, muy adaptable, se vincula con la luna, la tierra y todo.

Este código está presente en el arcano de la Luna. El código de la sacerdotisa es el ML que son las aguas interiores.

El código MR está presente en el nombre de MaRia, este código ha estado presente en las madres de los avatares.

Es de aquello que sentimos propio, que es nuestro, que nos pertenece. Es también confundirnos con el otro.

Es la fuerza de los mares tan fuertes y profundos, pero también de los ríos que fluyen y se abren paso, es la fuerza de los lagos que dan la estabilidad, las aguas en calma, son las tormentas que arrasan y purifican.

Las aguas lo reflejan todo, lo absorben también, nuestra alma es de este elemento, hace que nos fundamos con el todo. Es la energía sublime de la Luna.

Corresponden a las copas del Tarot.

ELEMENTO	DONES / DEFINICIÓN CORTA
AGUA	**Código MR**
1. Fluidez	Que fluyan las aguas del interior. Don de desbloquear torrentes. Manejo de agua: hidroquinesis y purificación por agua.
2. Sanar emociones y Amor	Don de identificar las emociones y dar soluciones. Equilibrar emociones. Dar amor incondicional y de pareja.
3. Viajes astrales	Poder viajar con el cuerpo astral fuera del cuerpo físico. Viajero entre los mundos o enlazador de mundos.
4. Sueños	Recibir premoniciones mediante sueños. Interpretar sueños. Sueños lúcidos. Viajante del sueño.
5. Registros Akáshicos	Acceder a la gran computadora psíquica, al inconsciente colectivo del astral y de 8ª dimensión.
6. Psiquismo /clariempatía	Conectarse con todo e interpretarlo. También se llama clarisenciencia. Presentimientos. Telestesia. Telediagnóstico. Telemetría. Hipertesis. Criptestesia.
7. Bendecir	Hacer benditas las cosas, incrementando su frecuencia y santidad.

ASTROLOGÍA

AGUA	**Luna en signos de AGUA** **Casa VII o XII en Agua** **Neptuno vinculado con Agua**
1. Fluidez	Saturno en agua o haciendo aspectos con agua.
2. Sanar emociones y Amor	Venus en agua o Cáncer fuerte en la carta. Luna en Cáncer.
3. Viajes astrales	Marte o Mercurio en agua o haciendo aspectos en planetas de agua.
4. Sueños	Mercurio y Luna en agua.
5. Registros Akáshicos	Saturno en agua.
6. Psiquismo /clariempatía	Mercurio haciendo aspecto con Urano y relacionado con fuego.
7. Bendecir	Júpiter y Sol en Agua.

1. Fluidez. Manejo de agua

Se ha abierto la llave del infinito cosmos donde fluye todo lo inconmesurable, infinitas fuentes de todo a tu alcance, todas fluyendo en armonía y entrega.

Son individuos que ayudan a desbloquear las cosas, ya sea a nivel económico, psicológico o energético. Permiten que las aguas fluyan en el interior. Puede ser que las energías estén bloqueadas por algún trauma o situación de conflicto del pasado. Estas personas tienen la capacidad para detectar estos bloqueos y hacer que fluyan. Estos bloques pueden ser energéticos, lo que ellos hacen es dirigirlos a su cauce.

Los psicólogos o terapeutas que se dedican a ayudar a las personas en sus procesos psicológicos tienen normalmente este don.

En las terapias de Resonance Repatterning se maneja una técnica extraordinaria denominada liberación de energías constrictas que es maravillosa. Sucede que cuando vivimos alguna situación traumática, nuestra energía vital se queda detenida, como si fuese una piedra que bloquea el torrente. Es necesario quitarla con alguna técnica.

También se considera como fluir disfrutar lo que se está haciendo en el presente, de tal manera que se viva una “experiencia óptima” y no sólo se ha escapado a la ansiedad y al aburrimiento, sino que, al hacerlo, se logra poner orden en el caos reinante de la mente. Se experimenta el disfrute y se recuerda la experiencia como algo placentero.

Dentro de este don también incluimos el manejo del agua. La hidroquinesis y purificación por agua, lágrimas, baño, bautismo.

Ejercicio de práctica

1. Ir a un rio o al mar. Pedir permiso para entrar. Solicitarle a los elementales del agua que te ayuden a fluir. Pide que todo

fluya en tu vida y que el agua desbloquee todo aquello que está detenido.

2. Ubica alguna emoción desenergetizante, estate atento a la alarma emocional que surja. Ubica en qué parte de tu cuerpo la identificas. Has un movimiento físico para desbloquearla y sacarla de ti. Después pon la música que más te guste y muévete como tu cuerpo te lo indique para liberarte de lo residual que te siga bloqueando.
3. A través de las limpias energéticas se abren los caminos y con el trabajo de los elementos se hace que todo fluya.

Recomendaciones

a) Estudiar alguna terapia psicofísica, psicológica o de cambio de patrones inconscientes.
b) Asistir a terapia para desbloquear energías constrictas.

2. Sanar emociones. Amor incondicional

Ves en el otro reflejada esa fuente, reconoces tu belleza en el otro. Puedes tocar su corazón y transformarlo, fluyendo en dulzura y devoción.

Esta también es una labor de los psicólogos en la actualidad, pero puede haber personas que sin tener un título profesional ayudan a esto, aunque siempre recomiendo hacerlo con mucho cuidado y profesionalismo.

Son personas que saben identificar las emociones y conocen la palabra exacta para ayudar a otros a sanar. Sienten un profundo amor incondicional.

Las personas que tienen este don son muy positivas, siempre cargan de fe y alegría al afectado, compartiéndoles un punto de vista diferente y más luminoso.

También se puede llevar a cabo esto con plantas, con hechizos, palabras o simplemente a través del amor.

Se ayuda a las personas a sanarse a sí mismos, a autovalorarse y aceptarse.

Ejercicio de práctica

1. Hacerte consciente de tus emociones, darles un nombre y trabajarlas identificando la fuente de esa emoción, mirando el lado positivo en su enseñanza superior.
2. Hacerte un baño de amor a ti mismo con rosa, jazmín y geranio.

Recomendaciones

a) Practicar hechizos de amor
b) Mirar el lado positivo de las cosas. Cuando no sepas qué hacer siempre pregúntate: ¿Qué haría el amor?

3. Viajes astrales

Compartes ahora las fuentes del cáliz, ya no son dos, son dos más su unión = tres. Has accedido a las redes de las conciencias y puedes conectarte viajando por ellas. Pasado, presente futuro, tiempo y espacio te pertenecen, están abiertos para ti como fuente sagrada de acceso a tu multidimensionalidad.

La capacidad de desprenderse del cuerpo y viajar por otras dimensiones. Capacidad de estar simultáneamente en distintos lugares, incluye los viajes astrales o experiencias extracorporales. Otros nombres con los que se le conoce son: Experiencia extracorporal (EEC; viaje astral, proyección astral, desdoblamiento astral).

En este tipo de viajes se puede ir a otra dimensión, pero también al pasado, incluso al futuro.

Se comienza trabajando con la videncia remota, pero algunas veces es tan intensa que se traslada incluso parte de la voluntad, aquí es cuando estamos hablando de un viaje astral.

Hay personas que lo hacen a nivel inconsciente y hay otras que practican para llevarlos a cabo.

La explicación de este fenómeno es la siguiente: es una experiencia vivida a través del cuerpo proyectivo, que comprende normalmente el conjunto de 3 cuerpos sutiles: astral (psicosoma), mental concreto (mentalsoma) y mental superior (cuerpo espiritual, vehículo del alma).

Ocurre normalmente de forma natural e inconsciente durante el sueño o estado de ensoñación (entre dormido y despierto) pudiendo darse el caso de ser consciente (sueños lúcidos), y también puede ser aprendida y ejercitada de forma consciente durante la vigilia.

Se puede dar cuenta del inicio de esta actividad cuando sueña que sueña. Otro de los síntomas es sentir que uno se cae, a veces es porque se está entrando en la profundidad del sueño o porque el alma se está despegando.

Al inicio de la EEC, durante el proceso de separación del cuerpo proyectivo, es habitual la sensación de no poder moverse (parálisis del sueño), lo cual puede ocurrir también al final de la experiencia, durante la reincorporación. Es posible que despertar bruscamente a alguien del sueño lo asuste o le produzca una sacudida en su cuerpo, desde el tórax hacia las piernas, debido a que se imposibilita una reincorporación suave y natural.

Hereward Carrington (1880-1958, investigador inglés de fenómenos paranormales) estudió en profundidad este fenómeno y llegó a calcular la extremadamente baja densidad del cuerpo proyectivo, que la capacidad para elevarse y flotar de una forma tan fácil en la atmósfera física: 1/1.000.000 respecto al cuerpo físico.

Los viajes astrales agotan porque se drena la energía emocional. Cuando equilibramos nuestras emociones mediante la recapitulación, esa energía no se drena, se acumula y es lo que fortalecerá al vehículo astral para emprender el viaje.

Con los viajes astrales vas conociendo tu propia frecuencia, tu propia identidad.

Ejercicio de práctica

1. Relajarte profundamente. Pedir protección. Visualizar que hay una caparazón de ti mismo enfrente de ti. Visualizar cómo de tu ombligo comienzas a rellenar esa silueta. Una vez que hayas pasado la suficiente luz, por un acto de voluntad salta a ella, pide protección para tu cuerpo físico. Estando en esa otra estructura comienza a viajar. Trata de ir a algún lugar donde no perturbes e intenta observar detalles. Una vez que hayas explorado lo suficiente. Regresa e incorpórate a tu cuerpo.

Recomendaciones

a) Cuando sientas que se te sube el muerto, pero sin terror, trata de resbalarte y permite el viaje astral, sin miedo.
b) Practica la videncia remota y el viaje astral tanto como puedas.
c) Recapitula para acumular la suficiente energía y lograr mantener un doble energético para tus viajes.
d) Las meditaciones guiadas son de gran ayuda para llevarte a un estado de recepción y son esenciales en el desarrollo de la clarividencia. Esto te llevará a conectarte con tu poder superior para sí darte cuenta que estás en sincronía con ese poder.

4. Sueños

Las aguas están en calma, un lago en calma, equilibrio, ni olas, ni altibajos. Ahí donde las emociones no alteran, se da el campo fértil para la imaginación, para la conexión con los símbolos universales. El poder de interpretar lo que pasa en el ámbito del inconsciente, los sueños que detienen el tiempo y el físico, el acceso a la imaginación infinita de la Gran fuerza creadora.

Es parte del don de interpretación de símbolos en sueños, o bien, las personas reciben los mensajes a través de los sueños. Normalmente son precognitivos y muchos ocurren entre las 24 y 48 horas antes del suceso.

Se consideran aquí también las personas que tienen sueños lúcidos, que muchas veces son viajes astrales en realidad. Algunas veces las personas tienen la capacidad de hacer lo que desean en sus sueños. Algunas otras, tienen la capacidad de interrumpir un sueño a voluntad para más tarde regresar y continuar donde se quedaron.

Incluso se puede ir en sueños a visitar a otra persona, lo que es muy parecido al viaje astral.

A los que poseen este don se les llama "soñadores".

Cuando soñamos entramos al estado REM y se desprenden el cuerpo astral y mental, eso es lo ideal, pero cuando la persona se ha dormido perturbada, preocupada o muy cansada a veces es difícil lograr esto. Por ello hay que vaciar el contenido psíquico antes de dormir y la naranja ayudará a lograr la separación correcta.

Ejercicio de práctica

1. Antes de dormir has una recapitulación de todo lo que hiciste durante el día para que tu mente quede vacía. Hay algunas prácticas como la recapitulación o la rememoración antes de dormir, con el fin de acomodar el material psíquico y que en el sueño se logre hacer lo que uno quiere o tener sueños proféticos.
2. En la parte de profecías te hice una recomendación para tener sueños lúcidos, es una fórmula muy recomendable.
3. Siempre dormir con sábanas blancas y limpias, evitar la entrada de luz y apagar celular.

Recomendaciones

a) Toma el curso de interpretación de sueños e inducción a sueños lúcidos.
b) Cena sólo una naranja, mínimo media hora antes de dormir, esto permitirá que los cuerpos se desprendan más fácilmente.
c) Escribe 20 veces sueño lucido.
d) Ve videos de lucidez.
e) Imagina todas las noches lo que quieras soñar.
f) Utiliza la mezcla de aceite esencial de: manzanilla, sándalo, neroli, lavanda, ylang ylang, bergamota.
g) Despiértate en la madrugada y vuélvete a dormir.
h) Apunta tus sueños en cuanto te levantes.

5. Registros Akáshicos

Se abre un hoyo en el fondo, un cenote con fuentes infinitas del más allá que aterroriza. La aparición de tu ángel custodio.

El acceso a un plano distinto, la apertura de los mundos y sus historias, convergiendo en el cono, en la punta de la rueda para dirigir la voluntad hacia allá y permitiendo el reflejo del macrocosmos en el microcosmos que eres tú. En pocas palabras, es conectar con tu divinidad y acceder a la parte divina de ti mismo.

Los registros akáshicos son un depósito de que contiene información completa de todo lo que ha sucedido en el Universo. Cada pensamiento, sentimiento, acción se almacenan ahí y pueden **obtenerse a solicitud**. Es una **memoria colectiva,** o **memoria universal** que todos podemos utilizar cuando necesitamos información ya que es un espacio multidimensional donde se archivan **todas las experiencias del alma** incluyendo todos los conocimientos y las experiencias de las vidas pasadas, la vida presente y las potencialidades futuras. Contiene no sólo los registros personales de todo el mundo sino también los de cada familia tribu y país. Ha sido descrito como una **increíble computadora psíquica**; es decir, es como un **Internet Cósmico**. Es una autoconciencia universal o la matriz cósmica inobservable y omnipresente.

El adjetivo akáshico proviene de *Akaśa*, un término existente en el antiguo idioma sánscrito de la India, que significa 'éter', espacio o energía cósmica que penetra en todo el universo y es el sutil vehículo que transporta el sonido, la luz y la información, las bases constituyentes de la energía y de la Vida.

De hecho, los registros akáshicos no son nada nuevo. Han sido reconocidos por todas las grandes civilizaciones.

- En Egipto se conocen como las "Tablas de Thoth".
- En la Biblia como el "Libro de la vida".
- En el Islam como la "Tabla Eterna".
- Los mayas los denominan el "Banco Psi".

Los registros akáshicos pueden ser comparados con la **teoría del inconsciente colectivo** de **Carl Jung**, quien utilizó el término que ha representado todo el pensamiento -**sustancia de la raza humana**.

Ya los rishis, sabios de la India sabían de esta dimensión fundamental oculta que abarca todos los otros elementos: el prithivi (la tierra), el apas (el agua), el vayu (el aire) y el tejas (el fuego). Este Akasha contiene todos los elementos dentro de sí mismo y al mismo tiempo se halla fuera de estos sin limitaciones del tiempo y espacio.

Averroes (1128 - 1198) filósofo islámico medieval pensaba que tenemos cuerpos separados pero no mentes separadas. Él creía que somos como una planta acuática con muchas cabezas creciendo sobre el agua, pero unidas en una gran raíz debajo de la superficie.

Edgar Cayce escribió estos registros como una **biblioteca gigante**. En una charla que dio en un hospital en 1931 explicó cómo salió de su cuerpo, viajó hacia un Rayo de luz y finalmente llegó a una colina que contenía un templo. Entró a este templo y dijo: encontré el salón muy semejante a la biblioteca, allí estaban los libros de las vidas de las personas. Cada una tenía su registro. Simplemente tuve que sacar el del individuo para quien estaba buscando información.

Somos como un gran árbol, unido a una Gran Consciencia. Antes era ir al templo de los dragones.

Samak, mi ser multidimensional es guardián de los registros akáshicos en 8ª dimensión.

Los registros akáshicos contienen información de todas tus vidas anteriores además de pistas para tus probables encarnaciones futuras. Requiere práctica llegar ahí, pero una vez que lo logre, no es difícil examinar los registros de tu propia vida cada vez que lo desee.

Este sistema energético contiene:

- Todas las potencialidades que el alma posee para su evolución en esta vida.
- Tu verdadera razón de ser, el sentido de la existencia.
- Tus aprendizajes y lecciones pendientes.
- Las respuestas a tus grandes preguntas.
    - ¿Para qué he venido?
    - ¿Cómo puedo usar mis dones, mis talentos y mi Amor para transformar a mi vida, mi entorno y ayudar a la humanidad?...
    - ¿Cómo despertar y activar mis facultades espirituales?

Pues consultar sobre temas como: Talentos o dones, cualidades, creencias, carrera o profesión, negocios, proyectos, salud, abundancia, terapias, relaciones, familia, patrones repetitivos en nuestra vida, miedos, bloqueos, vidas pasadas, inquietudes, sueños o pesadillas, vínculos con otras almas o personas, aprendizajes y crecimiento personal.

Conviene dejar pasar cierto tiempo entre lectura y lectura, especialmente para asimilar la información que hemos recibido y para integrarla, el objetivo de recibir una lectura es conocernos un poco mejor y realizar un aprendizaje interno sobre nosotros mismos que nos lleve a profundizar y a conectar más y mejor con los verdaderos deseos de nuestra alma, para eso es importante dejar pasar un poco de tiempo entre lectura y lectura, tal vez dos o tres meses, además de esta manera nos aseguramos que hay nuevas informaciones disponibles para ayudarnos en nuestro proceso evolutivo, pues los Registros tienen vida propia y se van actualizando.

Ejercicio de práctica

1. Meditación de registros akáshicos: Es semejante a la de contacto con el dragón, cambian algunas áreas.

Paso uno: sintonízate.

Piensa qué deseas ver de los registros akáshicos, piensa en una razón. La curiosidad no es suficiente. No se hace por diversión, la búsqueda debe ser seria.

Paso dos: relajación.

Paso tres: salir del cuerpo.

Una vez que tu cuerpo esté totalmente relajado y no exista una sola área tensionada piensa nuevamente en la necesidad de visitar los registros akáshicos.

Llénate de luz, sal por el cono de luz.

Imagina tu espíritu, tu alma desprendiéndose de tu cuerpo y gradualmente te alejas flotando. Pon tu centro de conciencia en tu espíritu. Siéntete relajada y pacífica. Mentalmente envía protección a tu cuerpo físico para mantenerlo seguro mientras estás lejos.

Paso 4: Acércate a los registros akáshicos.

Permite que su espíritu fluya a través del tiempo y el espacio. Vas a pasar por una nube blanca.

Después visualiza tu alma pasando como un rayo a través de un largo túnel y luego saliendo a un aire fresco y claro arriba en el cielo. Llegas debajo de una colina pequeña y perfectamente formada, hay un templo blanco en la cima. Mientras desciendes, observa que el verde césped ha sido cortado recientemente. Luce suave y velloso. El césped armoniza bien con el limpio mármol blanco del templo. Aterrizas en un patio frente a la entrada principal del templo. Hay una puerta gigantesca y bellísima, el picaporte tiene una figura de dragón, porta en su boca una argolla que es con la que golpeas la puerta. Un hombre grande abre la puerta, es el guardián del templo.

Paso 5: Pide lo que quieres.

El guardián te da la bienvenida con una sonrisa y una reverencia. Él espera a que le digas qué quieres. Le dices tu nombre y que desearías ver tu libro. Él te pide que esperes un momento, se va adentro y luego regresa casi inmediatamente. Él deja la puerta abierta para que puedas entrar. Ahora estás dentro de un gran salón que parece una enorme biblioteca. Llena de filas y filas de libros, vas a observar que hay imágenes de dragones por todas partes. Observa que muchos de los registros son libros, pero otros se encuentran en forma de rollos o tabletas.

El guardián te lleva a una pequeña sala que contiene una gran mesa y una silla. En la mesa está tu registro. La habitación es cálida y confortable. Parece no haber fuente de luz, pero hay una total y uniforme iluminación. Te sientes en paz en ese lugar.

El guardián hace de nuevo una reverencia y luego te deja solo, suavemente cerrando la puerta al salir.

Paso 6: Explora tu registro.

Observas por unos momentos tu registro. Es difícil creer que en este libro está el registro de todos tus pensamientos y acciones conscientes y subconscientes de todas tus vidas.

Sabes que es un registro, pues te habla telepáticamente comunicándote lo que deseas saber.

Puedes abrir el libro si quieres. También podrás dejar que la información fluya en su mente.

Absorberás la información de muchas formas. Una parte llegará como un sentido de entendimiento y conocimiento. Hay material que será representado frente ti. Otra información, particularmente errores y juicios injustos aparecerán como ropa colgada en una larga cuerda para tenderla. Esta última representa el hilo que conecta todas tus vidas y la ropa simboliza los errores que has cometido. Esto debe ser hecho antes de que puedas avanzar más. Son factores kármicos que deben ser examinados.

Algunas vidas pasadas estarán en **magníficos colores** reflejando las glorias y éxitos que tuviste en esas encarnaciones. Otras vidas aparecerán en **colores pasteles** mostrando que disfrutaste una existencia agradable, pero apenas alcanzó una fracción de lo que podía hacer. Hay encarnaciones que serán mostradas en **blanco o negro** y se trata de vidas negativas. Tú puedes o no haber sido una mala persona en esas vidas, pero no pagaste muchas deudas kármicas y acumulaste más como resultado de dichas encarnaciones.

En este registro conocerás temas que fluyen a través de muchas vidas. Entenderás de dónde provienen tus talentos y te darás cuenta qué tanto puedes mejorar esas habilidades. Te darás cuenta que hay personas contigo vida tras vida

Sabes del origen de tus temores y fobias. Una vez que entiendes las razones que causan estos problemas dejarán de tener relevancia en tu existencia actual.

También descubrirás cómo tus **pensamientos y acciones en esta vida** están afectando a tus futuras encarnaciones. Entenderás lo que es o no importante en esta vida.

Puedes permanecer en esta habitación todo el tiempo que quieras. Tal vez desees regresar tan pronto como obtenga la información que necesitas. En próximas ocasiones, podrías decidir quedarte más tiempo para disfrutar todas tus vidas pasadas y entender la relación entre ellas.

La pregunta que vas a hacer a tus registros es cuál es mi don para aprender y ayudar en esta vida presente.

Espera mientras llega la respuesta.

Paso 7: Regresa al presente.

Cuando esté listo, piensa que es tiempo de regresar. Cierras tu registro y lo entregas al guardián para que lo guarde. Él te acompañará hasta el patio. Ahora le haces una reverencia, él también la hace y te dice eres bienvenido cada vez que desees volver.

Tú sentirás un repentino tirón, instantáneamente estarás de nuevo en tu cuerpo físico. Usualmente el retorno es suave y sin esfuerzo.

Permanece sentado en calma por un minuto antes de abrir los ojos y retornar a tu estado cotidiano.

Habrás ganado mucho conocimiento de esta vida y de tus vidas pasadas y tendrás la alentadora convicción de que puedes visitar los registros akáshicos cada vez que quieras.

Recomendaciones

a) Ir a cursos sobre registros akáshicos.
b) Practicar la clariaudiencia y mediumnidad o canalización.
c) Utilizar el aceite esencial de: salvia, lavanda, canela, laurel, menta, rosa, jazmín, tomillo, romero para acceder más fácilmente.
d) Meditar.
e) Usar la mezcla para la videncia en frasco de 10 ml.:
    a. 3 gotas de laurel
    b. 7 gotas de salvia
    c. 2 gotas de bergamota
    d. 5 gotas de ylang ylang
f) Mezcla para estimular el tercer ojo: Salvia, limoncillo, lavanda, limón, incienso, pino, menta, canela. Dar masajes circulares en el tercer ojo

g) Otras plantas: Anís estrellado, artemisa, muérdago, uva, heliotropo, angélica
h) Usa color azul.
i) Usa piedras: Aguamarina, cuarzo, cuarzo citrino, labradorita, lapislázuli, piedra Luna.
j) Medita con la carta del Tarot de la Sacerdotisa, hacerlo por 3 minutos ayuda a acceder a los registros akáshicos.

6. Psiquismo, clariempatía, presentimiento

Te das cuenta que el cinco te lleva al principio del fin del arriba. Tú en amor te unes a otro en amor.

Es la vescica piscis que da origen a algo más, la unión, la consagración por la unión de los opuestos que se complementan. La vagina cósmica que todo lo siente, como la madre siente al hijo.

Es el estado de vacío para permitirse sentir, para permitirse incorporar en sí lo que es el otro y as u vez el universo.

Un psíquico percibe las vibraciones más sutiles con los otros sentidos. Muchas veces se le llama presentir, que es sentir algo antes de que suceda, y es a través de esta habilidad que se interpretan la cosas que se ven. Hay que hacer caso de la intuición natural.

Presentir es un don intuitivo, en nuestra vida diaria, a menudo tenemos presentimientos, a esto muchas veces se le llama "intuición femenina", sin embrago, los hombres son capaces de sentir de la misma manera, aunque sí es más fácil que se dé en las mujeres.

Para poder interpretar las imágenes o los presentimientos, necesitamos al menos dos habilidades. La meditación ayuda mucho a recibir señales, intuiciones y símbolos para interpretar mejor lo que se ve.

La **clariempatía** es: con el simple hecho de tocar a otra persona, pensar en ella o mirarla, se pueden sentir sus emociones, sentir cómo se está sintiendo esa otra persona. Se puede sentir su alegría, pero también su enojo o angustia.

Se dice que es la capacidad de conectarse con las fuerzas del exterior, sentirlas y leerlas, descifrarlas. Ya hemos visto en la introducción acerca del psiquismo, es una gran capacidad de fundirse y sentir lo que le sucede al otro o es la capacidad de fundirse con el inconsciente colectivo y saber lo que pasó o pasará a las personas. En este caso nos enfocamos más a la clariempatía en el sentido de saber las emociones que tiene la otra persona.

Si tuviéramos que encontrar cuál es el elemento que hace que las cosas estén fundidas sería el elemento agua. Cuando arrojamos una gota de agua al basto mar, el agua se convierte ne ese basto mar, deja de ser una independiente. Lo mismo pasa con las cualidades del alma.

Lo psíquico del griego ψυχή, psyché, «alma humana», es del alma, la mente o relacionado con ella; también es lo relacionado las energías. Sin embargo, a nivel espiritual es la utilización de la percepción extrasensorial para identificar información oculta a los sentidos normales, particularmente que involucra telepatía o clarividencia, o que realiza actos que aparentemente son inexplicables por las leyes naturales.

En la vieja tradición estamos acostumbrados a desarrollar los poderes psíquicos, el poder principal es ser médium, es decir, canalizar a espíritus y seres que se comunican a través de ella.

Es muy importante que las personas que tienen este don siempre se protejan con una esfera de luz para no estar recogiendo la basura de los demás.

Para muchas personas el psiquismo implica todo aquello relacionado con el desarrollo de las facultades extrasensoriales, aquí estamos incluyendo sólo la clariseciencia y la clariempatia.

Las otras son: Clarividencia, clariaudiencia, claricognisencia, clarigustiencia, claritangencia, Hipergeusia (Clarioliencia). Telepatía y psicoquinesis o telequinesis.

Ilustración 2. La bruja psíquica

El desarrollo de los dones es consecuencia de su elevación espiritual, su práctica y muchas veces los trae de vidas pasadas, siempre son para ayudar a quien lo necesite.

Muchas veces la clarisenciencia se desarrolla cuando se vive en una familia disfuncional. Los instintos deben desarrollarse para hacer frente a las adversidades, como sobrevivir a un padre o madre alcohólicos, o cuando son bipolares o esquizofrénicos se debe ser muy sensible para ponerse a salvo.

Es muy útil este sentido cuando no sabes qué decisión tomar y le pides al universo que te indique una dirección, trata de sentir cuál es el correcto.

Algunos dones dentro de este mismo don son:

Telestesia: es una palabra que significa «sensibilidad a distancia»; cuando la misma es utilizada para descubrir disturbios físicos o psíquicos de alguna persona, se llama **telediagnóstico** o diagnóstico a distancia. Entra en este punto también la **teleme-**

tría, que es el hecho por el cual un sensitivo, teniendo delante de sí un objeto o sólo el nombre de determinada persona, la puede describir con bastante precisión. Es un fenómeno de **hiperestesis** indirecta sobre el inconsciente excitado, expresado por la sigla HIE y que muchos llaman de **criptestesia** (cripto, oculto y aesthesis, sensación), esto es una captación oculta.

El antiguo término de Telestesia (del griego tele y estesia, "sensibilidad a distancia") expresaba la idea de que el sujeto tiene una sensibilidad (visual, auditiva, olfativa, táctil, gustativa) a distancia respecto a un determinado objeto. Así, por ejemplo, cuando en un experimento se guarda una figura en un sobre y solicitamos al sujeto que la perciba, algunos autores suponen que el sujeto la ve o la toca extrasensorialmente. Sería un fenómeno de hiperestesia indirecta.

La **Clarisensiencia** es lo que conocemos como presentir, es un don intuitivo. En nuestra vida diaria a menudo tenemos presentimientos, a esto muchas personas lo llaman "intuición femenina"; sin embargo, los hombres son capaces de sentir de igual manera.

Cuando sentimos algo que se asocia con lo que vemos, tenemos la clarisenciencia. Recuerda que se necesitan dos habilidades o más para interpretar las imágenes, por lo tanto, es muy importante poner atención a lo que se siente. Durante la meditación se recibirán muchas señales a través de los sentidos que te ayudarán a interpretar lo que ves.

Nosotros podemos sentir físicamente cuando nos cortamos un dedo o cuando nos caemos. Podemos apreciar cómo se siente cuando estamos emocionados acerca de algo, podemos simpatizar con alguien que es amable con nosotros. También podemos identificar nuestros deseos o estados emocionales y mentales, estas sensaciones las distinguimos porque son sensaciones que vivimos todos los días.

La clarisenciencia te va a exponer el mismo tipo de emociones o sentimientos o sensaciones es acerca de las cosas o personas. Es nuestro 6º sentido.

La **clariempatía** es tener ciertos estados de ánimo que no son nuestros o que no podemos justificar. Es cuando sentimos lo que el otro está sintiendo. Es una forma de clarisenciencia. Las personas con este don pueden cambiar el estado emocional de otros o tomar las emociones de otros y sentirlas en sí mismo. Pueden sentir bendiciones, pero también miseria, por lo que es muy importante protegerse.

Ejercicio de práctica

1. Utiliza el aceite esencial de salvia en el tercer ojo.
2. Utiliza la mezcla:

Ilustración 3. Mezcla para abrir el tercer ojo.

3. Meditación de tz: Con la lengua entre los dientes, inhalar profundamente, sostener y luego exhalar lentamente haciendo el sonido de tz, sostener y después inhalar. Este ejercicio abrirá el tercer ojo y permitirá leer las mentes de las personas.

4. Llega a un estado profundo de relajación y visualiza una pantalla. Realiza preguntas y permite que lleguen las imágenes, trata de darle un significado personal a cada imagen que se te presente, después cuando se te vuelvan a presentar dichas imágenes, sabrás qué te quieren decir.
5. Si tienes tiempo pídele a alguien que te diga un lugar donde verse, que no sepas por dónde es. Ve una hora antes por lo menos. Trata de dirigirte hacia el rumbo y en cada intersección siente por dónde debes de irte.
6. Para encontrar algo o a alguien perdido. Puedes hacerlo con unas tarjetas, primero relájate profundamente, después colócate la foto en el plexo solar y trata de sentir en cuál de esas ubicaciones está.
7. Selecciona una fotografía de alguna persona que no conozca. Una fotografía del periódico le será muy útil. Concéntrate fijamente en la fotografía aproximadamente 3 minutos. Cierra los ojos y mantén la imagen, sin perder la imagen abre tus ojos y concéntrate en la fotografía durante 10 segundos más o menos. Después vuelve a cerrar tus ojos. Practica esto diariamente durante una semana. Asegúrate registrar los resultados.
8. Vas a colocarte en frente de una persona. Protégete. Pídele a esa persona (de preferencia una amistad que conozcas tiene emociones intensas) ahora pídele a tu amigo que recuerde alguna experiencia con una intensa emoción, donde haya sentido emociones muy profundas. Ahora le vas a dar la espalda, que él te mire a ti y tu mirando a otro lugar. Dile que piense acerca de esa emoción que experimentó. No importa cual fuera, lo importante es que sea muy fuerte. Dile que se cargue esa emoción y que después te mande esa emoción. Que visualice cómo se llena de esa emoción. Que intencionalmente te la mande. Que sienta cómo sale de su pecho y que va llegando a tu espalda. Permite que esa energía llegue a ti hasta que sientas esa emoción. Siéntela durante 5 minutos y después comparte con tu amigo lo que sentiste,

platícale, ve a los detalles acerca de lo que sentiste. Después de que rectifiques si era algo semejante, van a intercambiar lugares para experimentar ahora la capacidad de tú mandar esas emociones.

Recomendaciones

a) Hay toda una serie de pasos para activar esto. El primer paso es la meditación. En ese estado de vacío, haz preguntas y permite que te lleguen imágenes o iluminaciones.
b) Hacer mucho caso a la intuición.

7. Bendecir

Se abre una nueva fuente hacia lo superior, explosiones hacia lo alto, el líder carismático. El don de sanar las emociones y hacer que fluyan las aguas del interior con tan sólo una bendición. El mudra de la bendición. Recibe o da bendiciones. La dirección de la unión hacia algo superior y más divino.

El don de bendecir consiste en impregnar de energía positiva a las personas, al tiempo que se protege y eleva la vibración, es una energía divina que se comparte.

Es cierto tipo de santidad, se requiere de la santidad de la persona para poder transmitirla, esta sólo se logra a través de una elevación espiritual real.

Tomemos en cuenta que la misma palabra de bendecir es muy poderosa, así, el simple hecho de repetir "bendito seas" es suficiente en algunas ocasiones. Claro, hay personas en cuya palabra el efecto es impresionante.

Algunas veces se puede bendecir haciendo referencia a algún pasaje o escritura sagrada, lo que traerá aún más poder.

Ejercicio de práctica

1. Bendecirlo todo, todo el tiempo, lugares, personas, momentos, sintiendo que un amor muy grande y mucha luz sale de tu corazón.

Recomendaciones

a) Dedicarse devotamente a la luz.
b) Convertirse en una persona sacra.
c) Meditar.

Capítulo 6.
Dones del elemento Aire

El elemento aire está relacionado con la mente, el pensamiento, la palabra, la inteligencia.

Son dones relacionados con facultades de la mente, el pensamiento, el olfato, como conjurar, hipergeusia o clarioliencia, telepatía, visión paraóptica.

Su código es **MN**, que es el código de la Gran fuerza que aparentemente está arriba, pero también está abajo, es como la copa, el grial, que une en realidad las aguas del arriba con el abajo. La Sacerdotisa nos indica que para llegar a ese océano hay que ir adentro, abajo y limpiar las aguas del fondo.

Es la Gran Mente que todo lo abarca, parece que se confunde con el mar profundo de las aguas primordiales, pero este es el mar mental.

El poder aquí es el de la lectura de las mentes, el poder fundirse con los pensamientos del otro, más que con las emociones.

Es poder mirar y entender, comprender a distancia, en los campos de la Gran Mente, pero vistos desde la perspectiva humana.

Tenemos el Código de **MN** que es el código de Mente y de nombre, del ser humano, lo relacionarla también con el código de **WRN** que es el de nacer y el de red.

Estos dones corresponden a las espadas del Tarot.

ELEMENTO	DEFINICIÓN CORTA
AIRE	**Código MN**
1. Magia con el aire y los vientos	Invocación y magia con los vientos. Alzar los vientos.
2. Hipergeusia	También llamada clarioliencia, oler con claridad lo físico o energético. Presentir y saber cuándo las cosas no están bien, como "esto no me huele bien".
3. Conjurar	Que se cumpla lo que se dice o piensa. Aconsejar.
4. Magia con cantos, mantras y música	Encantamientos mediante la música y cantos.
5. Formas-pensamiento	Hacer que los otros cambien su pensamiento. Purificación con la palabra. Don de la persuasión. Relacionado con hipnotismo.
6. Lectura de la mente, telepatía	Conocer el contenido de las cosas y lo que los demás piensan.
7. Visión paraóptica	Leer sin la vista, puede ser con las manos

ELEMENTO	DON/DEFINICIÓN CORTA
AIRE	**Luna en signos de AIRE** **Casa VII o XII en Aire** **Neptuno vinculado con Aire**
1. Trabajo con los vientos	Luna en signos de aire.
2. Hipergeusia	Neptuno en aire o haciendo aspectos con planetas en signos de aire.
3. Conjurar	Sol en Aire, elemento aire fuerte, casa III fuerte. Mercurio.
4. Cantos, mantras y música	Venus en signos de Aire, Casa II en Aire.
5. Transformación de mentes	Plutón en aire o haciendo aspecto con planetas en aire. Plutón en casa VIII.
6. Lectura de la mente, telepatía	Júpiter y Saturno en Aire. Haciendo aspecto con casa III.
7. Visión paraóptica	Marte en Aire.

1. Magia con el aire y los vientos

De las infinitas posibilidades de la mente y el espacio de las diferentes cualidades, has trazado el camino y sabes hacia dónde dirigir tu mente y espada.

Te dejas guiar por las señales de la Tierra, los vientos generados por su misma fuerza y por los espíritus.

Tienes el poder de convocar a los vientos a voluntad. Conjurarlos en los 4 puntos cardinales. Sentirlos. Es el gran poder de mandar mensajes a través de ellos.

Para esto se tuvo que haber trabajado bastante con el poder de la mente, haber meditado con el tatwa Vayu, haber escalado montañas altas y haber sentido el poder del viento. Haberse colgado por largo tiempo y haber estado suspendido.

Muchas personas con mucho aire en su carta astrológica tienen este poder.

Este don incluye interactuar o controlar el humo para que se dirija hacia donde se desee, se incluye el don de la aeroquinesis.

También es el don de llamar a los espíritus del aire y del espacio y que estos acudan al llamado.

Ejercicio de práctica

1. Mécete en una hamaca o cuélgate por horas.
2. Medita con el Tatwa Vayu por lo menos durante una semana todos los días a la hora que corresponda.
3. Practica la magia wicanna con los vientos.
4. Practica interactuar con el humo de un incienso diciéndole, por ejemplo: "recto", "gira". Este ejercicio es una mezcla de telequinesis con este tipo de trabajo. Tienes que sentir cómo unes tu corazón y tu plexo solar con la intención grabada en tu mente, y de ahí diriges esa fuerza hacia el humo.

Recomendaciones

a) Escala montañas, ve a lugares elevados.
b) En tus rituales invoca a su fuerza, siéntela.
c) En tu altar coloca siempre su energía mediante inciensos, campanas, plumas u olores.

2. Hipergeusia/clarioliencia

Te das cuenta que hay otro camino, "el otro", una forma de pensar diferente, pueden seguir su camino cada quien o es posible que exista un momento de intercepción.

Y al percibir al otro, lo hueles, es difícil olerte a ti mismo, el sentido del olfato necesita de la alteridad y ese olor gusta o disgusta. Al tener desarrollado este sentido, se sabe lo que le es bueno o no.

Pero también las energías y los espíritus se comunican a través de los olores, las personas con este sentido saben percibir claramente con muy poca esencia de qué se trata, si es de un cigarro o de una flor. Y estos olores le llegan a la persona incluso sin estar presentes físicamente.

Muchas veces los espíritus de los que ya trascendieron y nos fueron cercanos, se identifican mediante ciertos olores. Por ejemplo, si la abuela usaba la colonia de rosas, cuando está presente huele a rosas.

También llamada clarioliencia o el sentido clariolfatorio, es la facultad de oler con claridad lo físico o energético. Las personas que tienen este don saben cuando algo va a pasar, es una especie de premonición pero que está en el sentido superior del olfato, incluso se dice: "Esto me huele mal". Pueden ser personas que sienten que están oliendo algo cuando lo demás no lo perciben. Este se presenta para que estés precavido y que tomes alguna acción. Sabes en el fondo que algo no está funcionando bien, no te "huele bien". Incluso podría llegar un olor a rata, a muerto, a coladera, que te está indicando que no está bien, que no es correcto o que no vayas por ahí, siempre hazle caso.

Los espíritus se comunican con las personas que tienen este don a través de olores y el clarioliente sabe descifrar los olores físicos y espirituales. Las hadas huelen a rosas, los entes del bajo astral huelen a podrido o a excremento.

Este es un sentido muy desarrollado a nivel reptiliano, a través de los olores percibimos si alguien puede ser nuestra pareja o no.

Este sentido también te puede transportar al pasado a ciertas situaciones cuando el olor estaba presente.

Ejercicios de práctica

1. Hacer ejercicios para identificar los olores, frutas, perfumes sin utilizar la mirada.
2. Trata de llevar un registro de los olores con los que identificas a cada uno de tus seres queridos, trata de ser discreto. La próxima vez que quieras saber algo o que necesites contactarte con alguien, te llegará ese olor.
3. Escribe una lista de los aromas que te son más familiares, pueden ser de plantas, por ejemplo: romero, rosa, albahaca, limón. Una vez que estés protegido y relajado, trata de sentir el olor de cada uno en tu imaginación. Tal vez primero puedas hacerlo físicamente.
4. Una vez que hayas reproducido los olores, puedes relacionarlos con personas o seres queridos.
5. Haz una lista de olores característicos de comida que recuerdes bien y trata de relacionarlos con personas de tu infancia o pasado en general. También ubica qué te hacen pensar esos olores, registra todo.

6. Cuando te tengas que enfrentar a alguna situación o a alguien que de quien no estás muy seguro. Cierra tus ojos, trata de tranquilizarte con respiraciones. Imagina que te pones un abrigo delicioso, que te sientes calientito, muy bien y que hay un olor extraordinario, a flores, muy rico, te sientes confortable y a salvo, te sientes muy bien, llénate de esa sensación. Ahora trata de ubicarte en la situación o persona de la que tienes duda, trata de ubicar si se siente algo semejante a lo anterior o ¿cómo te sientes?, ¿qué olor te llega? Te gusta o disgusta, te agrada, te sientes bien o no, trata de olerlo lo más que puedas. Este ejercicio te sirve también para cambiar la energía de negativa a positiva, ahora puedes ocupar una capa dorada acompañada de bellos olores cuando no puedas evitar la situación y desees sentirte bien.

Recomendaciones

a) Siempre que percibas un olor fuerte, que te haya causado una gran impresión, relaciónalo con el lugar o estado de ánimo, ponle esa etiqueta para que la próxima vez los espíritus se comuniquen contigo de esa manera.
b) Hazle caso a tu sentido del olfato, cuando algo no lo hueles bien, siente qué te quiere decir y evítalo, lo mismo a la inversa.

3. Conjurar

Las mentes y los caminos se encuentran aquí en equilibrio porque son sostenidas por una mente superior.

Es una poderosa conexión con las fuerzas superiores y el don de ser escuchado a través de los conjuros. Lo que dice la persona, incluso lo que piense, con este don se cumple. Están conectadas su corazón y su mente con lo divino.

Algunas veces las personas conjuran sin saberlo. Un conjuro es emitir una salmodia, canto o entonar algo con rima, o simplemente decretarlo cargado de una intención poniéndole un sello. Esto también produce un efecto, positivo o negativo y más cuando se conjuga con alguna herramienta mágica. Conjurar en la antigüedad era imponer a un espíritu aislado la resistencia de una corriente y de una cadena. *Cum jurare*, jurar juntos, es decir, hacer acto de fe común. Cuando mayor es el entusiasmo de esa fe, más eficaz es el conjuro. Las personas que saben más de magia están enteradas que para conjurar no basta con que ellos lo digan en su nombre, individualmente, sino que trabajan en el nombre de otras fuerzas o con ayuda de otras fuerzas para que el conjuro quede sellado.

Así, el conjuro es una afirmación emitida como salmodia, junto con una visualización, cargada de emoción, de poder personal y de otra fuerza.

Los que tienen este don son muy buenos para evocar este poder, así como para elaborar salmodias.

Estas personas también tienen el don de decir lo correcto en el momento justo, son excelentes consejeros, su mente está conectada con la palabra adecuada. Por ello, las personas con este don son grandes asesores de personas importantes, ya que cuentan con una inteligencia superior y conectada para saber lo que es mejor para la persona, y, como hemos ya señalado, incluso con decirlo, puede provocarlo.

Ejercicios de práctica

1. Elabora salmodias para tus hechizos.
2. Practica en meditar y concentrarte fuertemente en algo que deseas, practica visualizando, pensando y deseándolo con todo tu ser por lo menos durante 3 días durante 3 minutos mantén esa imagen en tu mente.

Recomendaciones

a) Cuando alguien te pregunte algo, siente la pregunta y respuesta primero en tu corazón antes de hablar. No lo hagas por ti, hazlo por la otra persona.
b) Conecta tu mente con tu corazón.
c) Practica los decretos.

4. Magia con cantos, mantras y música

La energía de los puntos y los elementos es usada con un propósito, dirigida hacia un objetivo. Los cantos y mantrams de cada elemento. Purificación con estado alterado o cantos.

Cada elemento tiene una frecuencia y existe una forma de mantralizarlo.

Mediante las vocales además de que se llama a los guardianes de los puntos cardinales y a sus fuerzas. El mantra se entona y diluyéndose al final, es decir, se va bajando la voz hasta que suele como un susurro:

GUARDIÁN DEL NORTE: Tierra - A-A-A-A-A-A-A

GUARDIÁN DEL ESTE: Aire – E-E-E-E-E-E-E-E
GUARDIÁN DEL SUR: Fuego – I-I-I-I-I-I-I-I-I-I-I
GUARDIÁN DEL OESTE: Agua – O-O-O-O-O-O-O-O

Los mantras rompen limitaciones, conectan con esferas superiores y tienen un efecto multiplicativo. Cuando se entonan nombres divinos o nombres de divinidades se hace mantralizado, lo que eleva enormemente las frecuencias y abre la puerta para que bajen todas aquellas fuerzas que se llaman.

Un **mantra** es un conjunto de sonidos que agrupados armoniosamente generan una energía. La energía que se usa en magia y sanación existe en otras dimensiones y al usar mantras la bajamos. El mantra más poderoso es el Om que es el sonido original del universo, del todo.

Un mantra oriental muy conocido es el **Om Mani Padme Hum**, que es muy poderoso también. Lo puedes entonar para elevar la vibración, cargar objetos y protegerte, (sánscrito ॐ मणिपद्मे हूँ, oṃ maṇipadme hūṃ) es probablemente el mantra más famoso del budismo, el mantra de seis sílabas del bodhisattva de la compasión, Avalokiteshvara (en sánscrito) o Chenrezig (en tibetano). El mantra se asocia en particular con la representación de cuatro brazos Shadakshari de Avalokiteshvara. Se dice que el Dalái Lama es una reencarnación de Avalokiteshvara, razón por la cual el mantra es articularmente venerado por sus seguidores.

Hay mantras que puedes elaborar tú mismo repitiéndolos varias veces y dándoles tu intención, por ejemplo:

"Estoy protegido, yo soy divino".
"Amor, Amor, Amor, Amor..."

Este don también lo tienen personas que trabajan con los sonidos en general o que a través de la música transmiten información, armonía y sanación de esferas superiores. A través de la composición musical, el canto, o simplemente mediante el uso de su propia voz.

Algunas personas tienen una frecuencia de voz muy sanadora o sugestiva. El magnetismo de la persona o su fuerza sugestionadora puede ser transmitida mediante su voz.

Ejercicios de práctica:

1. Haz un ritual llamando a los puntos cardinales con los mantras correspondientes de cada uno de los guardianes. Trata de sentir su energía visualizando a su elemento y cualidades.
2. Utiliza el Mantra Om Mani Padme Hum para purificar tus objetos y cargarlos. Hay que entonarlo nueve veces para este objetivo.

Recomendaciones

a) Utiliza mantras en tu hogar mientras estás llevando a cabo otras actividades, te harán sentir mejor y elevarán tu vibración y la del lugar.
b) Crea tus propios mantras.
c) Cuando hagas ceremonias, canta para elevar la frecuencia.

5. Control mental. Formas pensamiento. Transformación de mentes

Esos cuatro puntos con una enseñanza superior, el Vitrubio, el inicio del tiempo dirigido hacia algo superior. La mente superior activada. Estado alterado de consciencia.

Las personas con este don tienen una mente muy penetrante, con la posibilidad de llegar al interior de los demás y hacerlos pensar de manera diferente. Es como si hipnotizaran a los demás cuando hablan, pero incluso, no sólo cuando hablan, también cuando lo piensan.

Su capacidad de elocuencia y persuasión es inquebrantable. Muchos se inclinan por estudiar hipnotismo, y con esto logran a través de la sugestión hipnótica, cambiar la forma de pensar de los demás.

Algunas veces las personas se dan cuenta que se les quiere meter algún pensamiento e incluso llegan a reclamar. Esto está relacionado con el control mental que estuvo muy de moda hace ya algunos años y con el poder de la sugestión que ya hemos señalado en el presente manual.

El tono de sus palabras hipnotiza y tiene una frecuencia muy elevada. Cuando estas personas guían en meditaciones, en realidad pueden lograr que los demás lleguen a un estado profundo de aquietar su mente. Es una voz que encanta y así como un pensamiento penetrante y transformador. Se relaciona también con el don anterior de magia mediante la voz.

Esto algunas veces se llama telepatía.

Cuando muchas personas unidas mandan un pensamiento, los resultados son extraordinarios. Las mentes grupales tienen un poder tremendo. A veces nos vemos influenciadas por ellas sin saberlo.

Ejercicios de práctica

1. Piensa detenidamente lo que quieres que alguien piense o concéntrate en que tal persona haga algún movimiento en particular, piénsalo con toda tu intensidad, puedes practicarlo diariamente. Sucede más si te enfocas en la parte de la nuca de la persona.
2. Antes de hablar, siempre elige las palabras adecuadas, las que sean las más correctas, investiga cuáles son las que tienen más impacto. Habla pausadamente y concentrándote en

la elección de las palabras correctas, que cada una salga con toda la intención; de esta manera tus palabras tendrán mucho más poder.

Recomendaciones

a) Medita, aprende frases y decretos.
b) Ten la clara convicción de que podrás lograr el cambio de la mente de otras personas.

6. Telepatía

La comunicación perfecta, comprensión de la mente de los otros, lectura de la mente. En este punto la persona ha logrado entablar canales abiertos de comprensión y comunicación con otras personas.

La telepatía es un don que muchas personas tienen, sin embargo, poco caso le hacen.

¿Qué es?: La **telepatía** es la transmisión mental de pensamientos o sentimientos (sensaciones) a distancia. Este fenómeno se produce entre personas, generalmente distantes entre sí, sin intervención de los sentidos o de agentes físicos conocidos.

Viene del griego *tele* que es "a distancia" o "desde lejos" y *pathos*, "sentimiento" o "pasión"; es decir, "sentimiento a distancia". En pocas palabras, es comunicarse a través de la mente sin el uso de la palabra hablada.

La telepatía funciona de diferentes maneras, en el sentido de ser **intencionada** o **involuntaria**, es decir, se puede provocar o simplemente pueden llegar los mensajes involuntariamente.

Se considera que existen tres casos de fenómenos telepáticos:

1. **Captación** (adivinación) de contenidos mentales (sin voluntariedad por parte de la fuente de los mismos). Las imá-

genes y pensamientos llegan sin intención de ambas partes.

2. **Sugestión telepática** llamada también telebulia; es la influencia mental, es decir, imposición de la voluntad del emisor, alojando contenidos mentales en el inconsciente del receptor, ésta también es llamada implantación. Es parecida a la transformación de mentes.
3. **Transmisión y recepción voluntaria** de contenidos mentales, donde incluso se pueden llevar a cabo conversaciones mentales leyendo los pensamientos e incluso espiando mentalmente a otra persona.

Si es intencionada, es decir, que hay **voluntariedad** en emisor y receptor, el primero tiene que concentrarse en lo que quiere comunicar, y el segundo dejar la mente en blanco. En la vida cotidiana se produce con mayor frecuencia entre personas relacionadas emocionalmente (especialmente padres e hijos, y hermanos, sobre todo gemelos) y en momentos de alta tensión emocional. Las mujeres y los niños parecen ser más receptivos; sin embargo, los animales y las plantas también son sensibles a las comunicaciones telepáticas.

Se identifican los siguientes tipos de telepatía de acuerdo con los contenidos:

- **Intuitiva:** Se transfiere información acerca del pasado, futuro y presente de la mente individual a otra persona.
- **Emotiva:** también se llama transferencia emocional, es el proceso de transferencia de emociones y sensaciones a través de estados alterados de conciencia.
- **Superconciente:** se refiere a involucrar o tocar a la conciencia cósmica para acceder a la alberca colectiva de sabiduría. A mi parecer esto es como acceder a los registros akáshicos o tener claricogniscencia.

A veces sucede que se está con otra persona y se le pregunta: "¿Qué decías?" Y la otra persona dice: "Nada"; sin embargo, la primera persona en realidad escuchó una voz en sus pensamientos, porque en verdad se escucha muy real, se oye como si el otro lo hubiera enunciado en realidad a través de la voz.

En otras ocasiones se puede pensar que se tiene alguna sensación, como el hambre, y se está pensando comunicárselo a otra persona, como por ejemplo, al esposo o esposa y de pronto la esposa dice "Tengo hambre", a lo que la pareja responde: "Estaba a punto de decirte eso"; es probable que se haya mandado esa información cuando la otra persona no tenía ni el pensamiento, ni la sensación un minuto antes.

Tenemos esta gran capacidad de comunicarnos, imagina un celular sin cable, de esa forma se pueden transmitir nuestros pensamientos, la comunicación mediante el celular es sólo una manifestación de lo que en realidad podemos hacer sin la necesidad de un aparato.

Uno de los sensitivos más importantes de la historia, Hubert Pearce (en aquel momento estudiante de La Escuela de Teología de la Universidad de Duke, que afirmaba haber heredado su capacidad de clarividencia de su madre) se sometió a una serie de pruebas de PES (Percepción extra sensorial) entre los años 1932 y 1934, llevadas a cabo en la Universidad de Duke. Dirigió el experimento el Dr. Rhine y lo realizaron Joseph Gaither Pratt (psicólogo estadounidense especializado en Parapsicología) y Hubert Pearce. Para realizar la prueba se situaron en edificios diferentes. En uno mostraban, a una hora determinada, una carta Zener que nadie había visto, y así sucesivamente hasta un total de 25 cartas. En otro edificio, el sensitivo recibía la imagen por PES. Los ensayos duraron ocho meses y se efectuaron 1,850 pruebas. Pearce obtuvo un número extraordinario de aciertos, cuya probabilidad de ocurrencia por azar fue de 1: 298023223876953125 (jesfebu.blogspot.com) Lo que demuestra que la identificación de las cartas no fue producto del azar.

Es una curiosa cifra, porque la factorización en números primos da el elegante resultado de 5-25.

Ejercicio de práctica:

1. Consigue a 6 personas que quieran participar en este experimento contigo. Diles que te llamen a horas distintas y trata de adivinar quién es la persona que te estará llamando.
2. Puedes hacer lo mismo con tu celular, trata de adivinar si lo primero que te llegará es un mensaje o una llamada y de quién.
3. Con tu pareja o alguien cercano, primero relájate, pon tu mente en blanco y experimenta: ver qué número del 1 al 10 está pensando. Luego seguir con colores, animales, objetos, lugares.
4. Piensa durante un minuto en alguien que quieres que te llame. No te desesperes, pueden pasar días antes de que suceda.
5. Haz una lista de 5 personas y piensa qué acción quieres que hagan para que se comuniquen contigo, que te manden un mensaje de texto, o un e-mail o una llamada.

Recomendaciones

a) Siempre hazle caso a tu intuición.
b) Trata de jugar a adivinar.
c) Cuando pienses en alguien llámale para ver qué señal te estaba mandando que te acordaste de él.

7. Visión paraóptica

La olla exprés ahora tiene salida hacia el acto para conectarse con el centro del Universo. El don de la palabra canalizada. La disolución del ego, rompimiento del papel.

Es poder mirar lo que está escrito o lo que se intenta escribir o decir, es leer a la distancia, también es leer con las manos. También es llamada clarividencia de rayos X o criptoscopía.

Parece que es realmente difícil pero no es así, de alguna manera podemos sentir y mirar con las manos, ya que en realidad tenemos los 5 sentidos en todo nuestro cuerpo astral y cualquier partícula de nosotros que tenga nuestro ADN puede percibir en sus cinco sentidos.

Basta con tallarnos las manos y tener la intención para mirar con nuestro tercer ojo o recibir percepciones con nuestros sentidos psíquicos.

Ejercicio de práctica:

1. Obtén un libro o enciclopedia con imágenes. Céntrate. Vas a tallarte las manos. Intenta ver una imagen con las manos. Las manos cercanas y separadas de la imagen unos 5 cm. Pídele al ojo de tus manos que se abra. Trata de percibir. A veces llegan sólo líneas o figuras semejantes, puede ser que sientas cambios de temperatura. No te desanimes, todo es señal de cómo lees tú als cosas.

Recomendación

a) Activa la sensibilidad de tus manos y abre este canal. Puedes realizar las meditaciones de Qwan Yin-Magnified Healing o practicar Reiki para tener esta sensibilidad con las manos.

Capítulo 7.
Dones del elemento Luz

Los dones del elemento luz están relacionados con una gran claridad y la facultad de lograr una gran sabiduría.

Se ha iluminado la vida. Es el código **LS**, es el Sol, de Luz. HoloS que es la totalidad. La L se refiere a la letra lamed, que es aprender o enseñar, también es el látigo del aprendizaje. Se refiere a Eva.

La luz tiene que ver con el movimiento. La oscuridad son las partículas condensadas y la luz es la dispersión y transparencia.

Los dones de este elemento están relacionados con una gran claridad, con un conocimiento sobresaliente y una comprensión suprema, es abrirse, ser una canal de la sabiduría divina. Son los dones de la sabiduría, conocimiento sublime como la alquimia, la xenoglosia, enseñar, clarividencia, clariaudiencia y el del Gran Sacerdocio.

Las personas con dones de luz tienen la gran capacidad de traducir y trasmitir a los seres humanos luz, amor, sabiduría, son focos de luz y conocimiento.

Corresponden al número ocho de los palos del Tarot y a las sotas.

1. TIERRA – Transmisión – arte – ocho de oros
2. FUEGO – ENSEÑAR – ocho de bastos
3. AGUAS – ADIVINACIÓN – ocho de copas
4. AIRE – XENOGLOSIA – ocho de espadas

Sotas

5.TIERRA – Alquimia
6.FUEGO – Sacerdocio
7.AGUA – Videncia
8.AIRE – Clariaudiencia

ELEMENTO	DON/DEFINICIÓN CORTA
LUZ	**Código LS**
1. Arte	Transmitir la esencia del todo a través de música, pintura, danza, escultura, diseño, escritura, literatura.
2. Enseñar, hermeneutas, mensajeros	Capacidad para comprender las cosas y poder transmitirlas a la humanidad. Transmitir mensajes a otros en el momento justo.
3. Adivinación	Predicción o mancias.
4. Xenoglosia	Don de lenguas y de traducir y entender lo que sea sin haberlo aprendido.
5. Alquimia	Capacidad de transmutar a otros, conocimiento del arte de la Alquimia. Gran sabiduría. Creadores y transformadores de civilizaciones. Abrir pautas. Convertir en oro a personas y objetos.
6. Gran Mag@, Sum@ sacertod@	Sacerdote o sacerdotisa, guía. Activación de todos los dones en ellos y posibilidad de activarlos en los demás. Centro de luz y enseñanza.
7. Videncia y visión remota o clarividencia	Adivinar y ver el futuro a través de simulcognición, precognición, premonición, retrocognición, videncia y clarividencia de cosas objetivas.
8. Clariaudiencia	Escuchar las voces de los demás, de los espíritus, de las cosas.

1. Arte

El ocho de Tierra. Como es arriba es abajo, el reflejo del cosmos en la materia.

Estas personas tienen la capacidad de transmitir las maravillas que reciben de las esferas elevadas a los seres humanos. Reciben inspiración divina por medio de las mensajeras del Espíritu: las musas sagradas.

Su mente sintoniza con los espíritus que transmiten la belleza y la armonía de quienes reciben luz e inspiración y saben cómo transformar y llegar a los corazones a través del arte: Música, pintura, danza, escultura, diseño, escritura, cine, literatura, etc.

Materializan de alguna manera la nostalgia del Uno, de la luz suprema.

Están dotados para conectarse de esta manera simbólica y unirse con los demás a través de sus obras. Reflejan en el mundo a la divinidad. Saben comunicar de manera estética para llegar al fondo del alma. Artistas dotados en su área. Se convierten en mensajeros que descifran la energía suprema a través de su arte.

Ejercicios de práctica

1. Analiza qué obra de arte es la que más te ha gustado, algo que sientas que te haya llegado al fondo de tu alma. Investiga más sobre este arte y trata de entender qué está trasmitiendo.
2. Baila y pinta lo que te nazca en tus rituales para expresar tu íntimo sentir.

Recomendaciones

1. Encuentra qué arte es el que más te gusta para comunicarte y practícalo.

2. Enseñar y traducir

La activación de la llama que abarca varios ámbitos, salir de la situación del aquí y ahora. Dirigirse a diferentes lugares del ser.

Se ha roto con la mente cuadrada y se recibe inspiración sabia de la Gran fuerza divina. Se sabe de muchas cosas, y sobre todo, se tiene el don de enseñarlas y trasmitirlas. Su vocación es la docencia y siempre tienen las palabras adecuadas o el ejemplo de vida que mejor trasmitirá el mensaje.

Les gusta mucho enseñar, les emociona que cada vez que aprenden algo, lo puedan trasmitir. Su mayor satisfacción es mirar a sus alumnos crecer.

Tienen una gran capacidad para comprender muchas cosas y trasmitir este conocimiento a la humanidad. Saben qué decir en el momento justo.

Saben interpretarlo todo, tienen una gran capacidad para hacerlo, pueden traducirlo todo en palabras y pensamientos correctos.

Cumplen el papel de Hermes, el mensajero de los dioses, pero no sólo trasmiten mensajes, sino que enseñan contenidos a los demás.

A todo mundo le encanta tomar clases con estas personas. Tienen una gran capacidad de abstracción, comprenden el punto clave y lo saben trasmitir. Sus clases son amenas y generan admiración de parte de aquellos a quienes enseñan.

Les gusta siempre leer y aprender y cultivarse por el entusiasmo que les da después trasmitirlo.

La divinidad se comunica de manera oral a través de ellos, es decir, reciben la inspiración, pero también pueden tener la claricogniscencia.

Tienen la chispa del conocimiento.

Corresponde al ocho de fuego.

Ejercicios de práctica

1. Después de leer un libro, trata de platicarlo a una persona.
2. Realiza un video sobre algo en lo que te sientas experto.

Recomendación

1. Estudiar mucho, estar siempre informado, leer.

3. Adivinación

Comprensión de que las aguas del arriba son las mismas que las de abajo. Recuento de lo vivido en la fiesta y en la vida.

Es el adivinador. Utiliza herramientas para predecir. A lo largo de la historia de la humanidad se han utilizado una serie de herramientas para la adivinación, llamadas las mancias, las cuales hemos descrito al inicio de este tratado.

Las personas con el don de la adivinación tienen gran sensibilidad, se funden con la información del inconsciente colectivo, con la 4ª dimensión y tienen la capacidad de ver el pasado, presente y futuro ayudados de las mancias.

A estas personas se les da con mucha facilidad utilizar herramientas oraculares para predecir o adivinar no sólo el pasado, también el presente y el futuro.

Para predecir se requiere de alguna herramienta oracular. Mediante esa herramienta, que funge como una puerta de entrada a los otros planos, pueden predecir acontecimientos. Existen muchas herramientas o mancias que se le facilitan y le apasionan, las principales son el café, las cartas, las runas, la astrología, la lectura de la mano, e infinidad de ellas ya antes descritas.

La adivinación va de la mano de otras facultades psíquicas como la clarividencia, aquí la precognición o premonición, la clariaudiencia, la claricogniscencia y muchas otras.

Corresponde al ocho de agua.

Ejercicios de práctica

1. Cómprate algún oráculo y estudia su significado, pero déjate llevar a ver qué más te llega con el fin de enriquecer tus lecturas.
2. Trabaja con un tarot, haz una pregunta, elige una carta, y a la carta que salga, la que sea, trata de darle una interpretación.

Recomendaciones

1. Estudia Tarot, lectura de café, runas, astrología o cualquier tipo de mancia.
2. Practica y confía.

4. Xenoglosia

Se ha abierto la puerta para vivir ahora la multidimensionalidad de mentes, capacidad de entender los mensajes más allá del código.

También llamado **criptomnesia**; Charles Richet introdujo el término del griego *xenos* (extranjero) y *glotto* (hablar), para designar el fenómeno que consiste en hablar lenguas desconocidas por el consciente. Este fenómeno es conocido también por el nombre de **Glosolalia**, y se trata de una manifestación del inconsciente que prueba, una vez más, la memoria del mismo.

Es el don de lenguas, algunos de hecho desde pequeños, sin haberlo aprendido, tienen la facultad de hablar otras lenguas. Sucede también que se realiza en estado de trance, el individuo logra hablar en lenguas desconocidas para el sujeto (incluso lenguas muertas o dialectos). A veces se trata solo de palabras o frases, pero hay casos excepcionales en los que se ha mantenido toda una conversación.

Pero también es el don de hablar diferentes lenguas de una manera muy fácil, las aprenden y entienden fácilmente, incluso pueden entender otras lenguas sin haberlas aprendido.

Desde el punto de vista parapsicológico, cabría explicarlo en base a una captación extrasensorial por el sujeto de estas lenguas, de un interlocutor en el pasado, o a través de un libro cerrado (**criptoscopia**), quedando impresas en el inconsciente. La manifestación de este "conocimiento desconocido" se produciría durante un EAC (Estados de conciencia acrecentada).

Muchas veces puede deberse a un recuerdo de vidas pasadas, en ocasiones puede ser un espíritu hablando a través de ellos. Se dice que, en realidad, la persona está sirviendo como canal a alguna entidad cuya lengua es la que el individuo que canaliza al ser habla sin tener conocimiento de ella.

Tienen los códigos endolinguísticos (códigos binarios y ternarios) bien activados.

Este don corresponde al ocho de aire.

Ejercicios de práctica

1. Trata de leer algún documento en otra lengua basándote solamente en las consonantes, trata de ubicar alguna relación con tu lengua materna o la que sepas hablar.
2. Cuando escuches a gente hablando otra lengua, o cuando tengas oportunidad de leer en otra lengua, trata de descifrar el significado intuyéndolo.

Recomendaciones

1. Estudia alguna otra lengua.
2. Estudia endolingüística.
3. Estudia lenguas antiguas.

5. Alquimia

Capacidad de transmutar a otros, conocimiento del arte de la Alquimia. Gran sabiduría. Creadores y transformadores de civilizaciones. Abren pautas. Poder de convertir en oro a personas y objetos.

Las personas con este don tienen la gran capacidad de transmutar a otros, se sumergen en el conocimiento del arte de la Alquimia y buscan lograr la piedra filosofal.

Muchos psicólogos llevan a cabo este tipo de labor, al sumergirse en el inconsciente y darle luz en la toma de conciencia.

La transformación alquímica consiste en espiritualizar la materia y materializar el espíritu, esto es, que todo aquello que está representado por la Luna, que son los instintos y las energías inconscientes presentes en nuestra personalidad, muchas veces como imperfecciones manifestadas en infelicidad, miedos, rencores, tristezas; vayan encontrando luz, y el individuo vaya así, comprendiendo el significado supremo de sus vivencias, para ir purificando su vehículo que es él mismo, e ir elevando su sentido hacia la divinización, convirtiéndose en una vasija. Al mismo tiempo, se busca ir integrando la energía suprema y divina, ir reconociendo la esencia divina solar en sí mismo y hacerla cada vez más presente en los actos de la vida cotidiana.

La mejor palabra que puede definir a la **Alquimia** es transmutación y evolución. La Alquimia busca cambiar los aspectos burdos y que causan el sufrimiento en el ser humano para convertirse en un ser con una personalidad refinada y superior. Se dejan atrás las actitudes instintivas y de necesidades primarias para lograr tener una personalidad centrada en la divinidad y el desarrollo de las virtudes. A este proceso se le conocía entre los alquimistas como la transmutación del plomo en oro. Así, el individuo se convierte en el vehículo donde se lleva a cabo esta transformación, es un vehículo cada vez más perfecto para la expresión de las fuerzas de la evolución hacia el bien, que eternamente crean y sostienen el universo. Para la Qabalah sería convertirse en una vasija.

La Alquimia busca aliviar el sufrimiento del hombre, curar las enfermedades del cuerpo y del alma.

Las personas con este don de transmutación profunda son sanadoras del alma y encaminan a otros a la elevación de su ser. Transforman en oro lo que tocan, lo hacen más bello y brillante. Como resultado de tal intervención consensuada, el individuo se siente más pleno y se autoconoce encaminándose hacia la elevación de su ser.

Este don corresponde a la sota de tierra, transmuta los metales que representan cualidades. Logra la piedra filosofal.

Ejercicios de práctica

1. Aquí no hay de otra más que estudiar y practicar la Alquimia interior y sublimar las emociones y pensamientos.

Recomendaciones

1. Estudiar Qabalah mística, Tarot iniciático y Alquimia interior.
2. Estudiar los misterios occidentales para seguir el proceso iniciático.
3. Seguir un proceso de autoconocimiento personal, así como cambio de patrones, un proceso psicológico o de transformación profunda. Cabe señalar que es por años; hay que dudar de los que piensan que en un fin de semana o en unos cuantos meses lo solucionarán todo.

6. Gran Maga, Sumo Sacerdocio

Sacerdote o sacerdotisa de otros. Estos seres tienen activados todos los dones y cuentan con la posibilidad de activarlos en los demás. Son centros de luz y enseñanza.

Es el nombre de la persona que guía al grupo, puede ser hombre o mujer. Es haber pasado por un proceso de iniciación. Se le ha llamado chamán, brujo, guía.

Tiene muchas facultades activadas, tienen la capacidad de controlar el tiempo, profetizar, interpretar los sueños, usar la proyección astral y viajar a los mundos superior e inferior. Se le conoce también como PSICOPOMPO y CAMINANTE ENTRE LOS MUNDOS. Se mueve entre las diferentes dimensiones, es decir, entre los 3 mundos: el inframundo, el mundo terrenal y el cielo o mundo de los dioses y espíritus, va entre las dimensiones y conoce sus secretos. Tiene conexión con los animales y lugares, con el Tótem de la tribu y con diferentes espíritus.

Contacta con los espíritus de la Tierra mediante el tambor y otros instrumentos sagrados.

Normalmente es guía de su clan, da clases o guía en rituales. Tiene una capacidad nata de ser líder carismático.

Sabe que el mundo visible está impregnado por fuerzas y espíritus invisibles de dimensiones paralelas que coexisten simultáneamente con la nuestra, que afectan todas a las manifestaciones de la vida. En contraste con el animismo, en el que todos y cada uno de los miembros de la sociedad implicada lo practica, requiere conocimientos o capacidades especializados. Se podría decir que los chamanes son los expertos empleados por los animistas o las comunidades animistas.

En esta parte también, al tener que de alguna manera recuperar a las almas, la facultad de ser "Guerrera de la Luz" está incluida aquí, es decir, lucha contra las fuerzas del mal, haciendo limpias energéticas, desposesiones y retirando la brujería; logrando recuperar el alma del paciente a un 100%.

La persona con este don está muy conectada con la Tierra, la naturaleza y sus seres.

Corresponde a la sota de fuego, es la que porta la llama y la trasmite a los otros para encenderse.

Ejercicios de práctica

1. No hay de otra más que recibir el llamado y desear con todas sus fuerzas elevarse y ayudar a otros en el camino. Debe formarse en algún camino espiritual e iniciarse como sacerdote o sacerdotisa de esta tradición.

Recomendaciones

1. Practicar algún camino espiritual y comenzar a enseñar y guiar a otros.
2. Utilizar el aceite esencial de albahaca para activar esta facultad.
3. Tomar cursos de liderazgo y prepararse mucho, convirtiéndose en experto y despertar todos sus dones.

7. Videncia

Es la capacidad de percepción extrasensorial que permite a algunas personas recibir información de acontecimientos futuros. Se usa de manera equivalente a la clarividencia; sin embargo, son diferentes. La Videncia es cuando llegan ciertas imágenes; la clarividencia no sólo son visiones nebulosas, son visiones muy claras, incluso se pueden dar datos específicos, fechas, nombres de personas, a veces se confunden los muertos con los vivos por la claridad de las imágenes.

Así, aunque en realidad sí hay una diferencia, incluiremos en esta sección a la clarividencia o visión remota que se considera es adivinar y ver el futuro o el más allá a través de **simulcognición**, **precognición**, **retrocognición, premonición**, **predicción**, **videncia** y los diferentes tipos de clarividencia.

La clarividencia se puede considerar **demostrada experimentalmente** desde los trabajos de Joseph Banks Rhine (botánico estadounidense, 1895-1980, pionero de la Parapsicología, fundador del laboratorio de Parapsicología de la Universidad de Duke y del *Journal of Parapsychology)* y su equipo en la Universidad de Duke (Durham, Carolina del Norte), publicados en su libro "**Percepción extrasensorial**", 1934 (título que es, al mismo tiempo, creación del término), utilizando las Cartas Zener (mazo de 25 naipes con 5 palos diferentes: círculo, cuadrado, signo de suma, tres líneas onduladas paralelas y una estrella de cinco puntas) y especialmente por los resultados obtenidos con el dotado Hubert Pearce.

La **clarividencia** es el arte de ver con los sentidos que están más allá de los cinco que utilizamos normalmente, es la visión a través de la materia densa, sin obstáculos de distancia ni tiempo. Clarividencia proviene de dos palabras francesas, *clair* y *voyance*, pero de origen en el latín (del latín *clare* y *videre*, "ver claramente") lo que significa "visión clara". ***La Enciclopedia de la Ciencia Psíquica***, escrita por Nandor Fodor, dice que la clarividencia es "una forma paranormal de percepción, que tiene como resultado una imagen visual que se presenta en la mente consciente. Esa percepción puede ser de objetos o formas distantes en el espacio o tiempo, pasado o futuro".

Se dice que cuando vemos algo utilizando la clarividencia estamos usando el tercer ojo (ojo de la visión etérea, ojo del alma; simbólicamente situado un dedo por encima del entrecejo, corresponde al 6º chakra en el induismo llamado *ajna*), el cual, de hecho, es una glándula conocida como **glándula pineal**, qué está localizada en la parte posterior del cerebro, casi en el centro de la cabeza y se encuentra a una pulgada sobre nuestros dos ojos, de ahí el término "tercer ojo". La glándula pineal contiene cristales de germanio y responde a vibraciones eléctricas, estos cristales aún se utilizan en la electrónica y responden a las vibraciones o cuerpos metálicos, y son sensibles a las señales electrónicas. En el cuerpo son lo suficientemente sensibles para percibir un ente o personalidad espiritual o una vibración psíquica todo esto ocurre en la glándula pineal.

Además de la glándula pineal (epífisis, que forma parte del hipotálamo), se asocia a la pituitaria (hipófisis, "glándula maestra"). La glándula pituitaria controla la función de casi todas las demás glándulas endocrinas y regula la mayor parte de los procesos biológicos del organismo.

Cuando esta área comienza a "abrirse" durante la etapa experimental, hay ocasiones en las que se siente un cosquilleo u hormigueo en la frente.

La clarividencia está asociada con la parte derecha del cerebro, en la que se encuentran nuestra feminidad, creatividad e intuición.

La clarividencia **identifica mensajes, formas, colores, símbolos, números y objetos de otros terrenos.**

A veces vemos a los espíritus, pero no damos crédito a lo que vemos, es más común de lo que pensamos, a veces vemos destellos de reojo, otras vemos una luz sobre la cabeza de alguna persona con quien estemos platicando. Cada método funciona diferente para cada persona.

A veces las circunstancias de emergencia aumentan la clarividencia. Un trauma puede hacer que la persona despierte y se ponga al tanto.

Para niños de dos a siete y a veces hasta nueve años es natural tener experiencias místicas y espirituales, ya que no han pasado mucho tiempo desde que estuvieron en el mundo espiritual, por lo que son mejores receptores. La reverenda Brian Davis recuerda que de niña podía pasar todo el día hablando por un teléfono de juguete con un amigo que nadie más podía ver.

En especial los niños pequeños ven espíritus fácilmente. Dicha habilidad es más fuerte cuando los niños tienen 6, 7 u 8 años, pero se identifica más fácilmente alrededor de los 7 años.

Si las experiencias clarividentes de la niñez fueran reconocidas por la sociedad como un proceso espiritual y juzgadas como naturales y como una realidad humana, entonces la clarividencia sería una habilidad común para todos, si a los niños se les permitiera estar abiertos y receptivos, la habilidad natural de ver espíritus nunca desaparecería.

La clarividencia es un don que los adultos desean desarrollar a pesar de que no tienen ningún recuerdo de haber visto espíritus cuando eran niños. Si no estuvieron obligados a hacerlo antes, es común para las personas de cuarenta, cincuenta o más, interesarse en desarrollar sus habilidades psíquicas y espirituales. A menudo las personas están completamente seguras del lado material de la vida a esa edad y están en busca de más respuestas y de un mayor acercamiento a la vida espiritual.

Es común perder la clarividencia conforme vamos creciendo. Entonces, ¿todos somos psíquicos? Sí, incluso tú qué estás sentado en una silla leyendo este pasaje en el pasillo de una librería, eres psíquico. Seamos claros en esto: ser psíquico no es un misterio, es algo normal.

Cuando comenzamos a pensar en alguien que no hemos visto o escuchado en años y de pronto recibimos un correo electrónico suyo esa misma tarde, estamos experimentando habilidades psíquicas nuevamente.

Términos dentro de la clarividencia

Aunque una persona puede experimentar la clarividencia de muchas formas, existen dos categorías básicas: la **clarividencia objetiva** y la **subjetiva**; dentro de estas están los diversos tipos de clarividencia: Rayos X, clarividencia médica o visiones y varios términos relacionados que describiremos a continuación. **simulcognición**, **precognición**, **retrocognición, premonición**, **predicción**, **videncia.**

En cuanto a la **clarividencia viajera**, le estamos llamando aquí bilocación o viajes astrales, no la retomaremos en esta sección.

Clarividencia Objetiva:

La clarividencia objetiva también es llamada la doble vista. Es cuando se es capaz ver espíritus o acontecimientos que no pueden ser vistos por otros con los ojos físicos. Esta habilidad es considerada como un don poco común. De acuerdo con referencias espiritistas, la clarividencia objetiva es cuando los objetos y los espíritus del terreno espiritual se ven a través de los sentidos espirituales, sobrepasando el mecanismo físico de los ojos.

Se puede percibir el aura de otras personas, y de objetos, entidades etéricas o astrales, que estén **alrededor del dotado**: seres fallecidos, santos, vírgenes, demonios, gnomos o hadas. Muchas personas afirman haber percibido, en el momento de la muerte de una persona, una especie de nube, de forma más o menos corpórea, que sale del cuerpo y se aleja de él.

Si tú has pasado por alguna circunstancia en la que hayas visto o escuchado a un espíritu que no hayas podido identificar y te preguntas por qué le ha sucedido, es una señal más de que tienes este talento sin ejercitar y sin descubrir que necesitas desarrollar. También puede ser una señal de que hay más en este mundo de lo que normalmente aceptamos y de que tú estás siendo iluminado.

Clarividencia Subjetiva:

La habilidad clarividente más común es la clarividencia subjetiva, de acuerdo con referencias espiritistas. La explicación formal de clarividencia subjetiva es cuando los entes espirituales manipulan los centros nerviosos de los ojos para imprimir en el cerebro imágenes que los ojos físicos no pueden ver. Es cuando las personas ven, en su mente, escenas, imágenes, números, palabras, colores, personas y así sucesivamente. Esto puede ser más bien una imagen que se desvanece. La clarividencia subjetiva puede ocurrir con los ojos abiertos o cerrados y de manera espontánea o inducida por medio de la meditación. Ya que es una habilidad mucho más común, cualquiera la puede desarrollar en cierto grado.

Algunas veces, cuando observamos a un médium dar mensajes a las personas, durante una sesión pública, lo escuchamos decir, "veo a tu abuela parada junto a ti". Lo más seguro es que el médium esté recibiendo una imagen en su mente de la abuela parada junto a la persona, y no que este literalmente viendo al espíritu. Decir: "Veo a alguien parado..." es una frase común que utilizamos en una sesión pública.

Al trabajar con los ojos cerrados su concentración se enfoca por completo en lo que ve con los ojos de la mente.

La clarividencia subjetiva es algo más vago y etéreo, ya que vemos con los **ojos de la mente**.

Clarividencia temporal:
Facultad de ver el pasado o el futuro. Puede haber conocimiento de sucesos pasados ignorados por el sujeto. Dentro de esta tenemos:

Simulcognición: Es el conocimiento paranormal simultáneo, que puede manifestarse por medio de telepatía, clarividencia, telestesia, xenoglosia. Es el **conocimiento directo del presente**, de lo que está pasando simultáneamente en otro lugar o dimensión inaccesible a la percepción común.

Retrocognición: Es la habilidad de conocer situaciones o hechos vividos por otras personas en otros lugares, sin que se sepa nada de las mismas, ni haber estado nunca en esos lugares, es decir, es el conocimiento del pasado. El Dr. Milan Ryzl, bioquímico checoslovaco, realizó a partir de 1962 y durante una década un estudio cuantitativo con sujetos sensitivos bajo estado hipnótico (publicado en la prestigiosa revista científica británica Nature), demostrando que este fenómeno existía y que su manifestación se incrementaba en estado de trance. La probabilidad de que los resultados obtenidos se debieran al azar fue de 1/500000, extremadamente superior a valores usuales de significación estadística en los contrastes de hipótesis (1/20 o 1/100). Joseph Gaither Pratt (1910-1979), psicólogo norteamericano especializado en el campo de la Parapsicología, lo calificó como el mayor número de pruebas confirmatorias de la PES, en el mayor período de tiempo de demostración, logrado experimentalmente (en laboratorio).

Precognición (Premonición): es el conocimiento de sucesos futuros libres. En los sensitivos se manifiesta generalmente respecto a acontecimientos emocionales, vinculados o no con ellos (es frecuente que haya alguna vinculación personal): catástrofes, accidentes, asesinatos, suicidios, éxitos, etc. Son ejemplos de esta capacidad las **corazonadas** (intuiciones, premoniciones inconscientes) o los sueños premonitorios (frecuentes en la anticipación de graves accidentes terrestres, marítimos o aéreos, o de asesinatos políticos), las revelaciones o las profecías. Es posible prevenir a otras personas, o influyendo en la evitación de las causas que darían lugar a ese futuro posible. Existen numerosos relatos de personas que salvaron su vida porque un sexto sentido inhibió su decisión de tomar un tren, avión o barco, que posteriormente se estrelló o se hundió.

El parapsicólogo estadounidense William E. Cox ("*Precognition: An analysis II*", *Journal of the American Society for Psychical Research, Volume* 50, 99-109, 1956) demostró estadísticamente la precognición analizando el número de billetes vendidos para 28 trenes de pasajeros gravemente accidentados entre 1950 y 1955; en estos trenes siempre había menos pasajeros (10 veces menos) que en trenes similares del mismo día de la semana anterior, no pudiéndose explicar por razones de sentido común (el autor analizó también las condiciones meteorológicas y el número de billetes vendidos los seis días anteriores y el mismo día de la semana en las seis semanas precedentes).

Por ejemplo, el "Georgian", un tren que hacía el servicio entre Chicago y el este de Illinois, se estrelló el 15 de junio de 1952, llevando sólo 6 pasajeros. En los días precedentes, los viajeros habían sido 68, 60, 53, 48, 62 y 70. Una semana antes, el 8 de junio, lo habían tomado 35 personas.

La probabilidad de que estos hechos fueran producto del azar fue menor de 0,01, con lo que se puede afirmar, con un nivel de certeza superior al 99%, que las personas tienen intuiciones premonitorias, que utilizan, consciente o inconscientemente, para evitar un peligro futuro.

Clarividencia rayos X:

Este tipo de clarividencia es un talento del que no escuchamos a menudo, como su nombre lo indica, es la habilidad de ver a través de la materia, por ejemplo, supongamos que hay un reloj adentro de una caja, sin saber su contenido, una persona con esta habilidad única podría ver el reloj dentro de esta.

Otro ejemplo podría ser el de una carta que se encuentra dentro de un sobre sellado, una persona con esta habilidad, sin tener conocimiento de lo que dice la carta antes de realizar el ejercicio, podría leerlo incluso línea por línea. Hay registros de ocasiones en las que un clarividente lee una carta sellada escrita en otro idioma. Este don está muy relacionado con el don de visión paraóptica.

Clarividencia Médica:

Este tipo de clarividencia, que también es poco común, fue descubierta por Hipócrates y después, en 1831 la Academia Francesa de Medicina también la reconoció. Andrew Jackson Davis conocido como el vidente de Poughkeepsie (1826 – 1910) fue acreditado con esta habilidad. A pesar de que era analfabeto y no tenía una educación, cuando Davis se encontraba en trance era capaz de diagnosticar con precisión enfermedades en el cuerpo humano.

La gente practicante de esta facultad se puede meter al cuerpo psíquicamente y se puede mover dentro de él, buscando áreas que parecieran afectadas. Fue notable que los estudiantes encontraron con precisión en qué lugares del cuerpo de la mujer había problemas. Dentro de esta facultad tenemos:

Autoscopía (del griego *autos* = uno mismo, y *scopein* = observar, es observación de uno mismo), es la facultad consistente en una visión interior del propio cuerpo, especialmente de las vísceras. Es un fenómeno poco común, muy parecido a la alucinación y que muchas veces suele confundirse con ésta; se presenta a menudo en las personas hipnotizadas. El dotado puede llegar a pronosticar con bastante anticipación la enfermedad que habrá de aquejarle más tarde, y algunas veces hasta la propia muerte. Todo esto no puede ser captado conscientemente; llega a través de una manifestación del inconsciente.

Heteroscopía, es la facultad de ver fuera de sí. Los sensitivos sienten y ven los órganos de otros y se capacitan en revelar con impresionante precisión ciertos disturbios fisiológicos o psicológicos, sin haber estudiado medicina. Es la visión de los órganos internos de otras personas, animales o plantas.

Psicodiagnosis es la facultad que permite describir, diagnosticar y pronosticar cualquier cuadro patológico que pueda afectar a otra persona.

Criptoscopía es la facultad de percibir lo contenido en cuerpos opacos: por ejemplo, objetos que están en habitaciones cerradas, en una maleta, o una caja cerrada, leer libros cerrados, etc. Es otro nombre de la clarividencia de rayos X y la visión paraóptica.

Clarividencia espacial:
Percepción de objetos o sucesos en distinto espacio (lejanos u ocultos), en la misma unidad de tiempo, siendo la observación sensorial imposible.

Esto dones corresponden a la sota de agua.

Ejercicios de práctica

1. Hay cientos de ejercicios de práctica de la clarividencia. El primer paso es meditar y aprender a vaciar la mente. El segundo es ser muy observador de todo lo que sucede a nuestro alrededor. El tercero es comenzar a asociar símbolos con significados para nosotros, de tal manera que cuando se nos presente alguna visión o sea transmitida por los espíritus sepamos qué quiere decir, ellos sabrán qué símbolo escoger, si nosotros lo hemos predeterminado, será mucho más fácil encontrar el significado. Siempre que hagamos un ejercicio de videncia, hay que protegerse.
2. Después de relajarse lo suficiente a través de la meditación, imagina un conducto, un telescopio o un tubo largo colocado en el piso delante de ti, haz una pregunta que desees que te contesten. Visualízate estirándote para recoger el objeto tubular que está delante de ti, tómalo para colocarlo en uno de tus ojos y ve a través de él. Deja que tus ojos recorran su longitud durante varios segundos, tal vez quince o treinta. ¿Qué es lo que ves al final? ¿Cuál es la respuesta? Escribe

tu experiencia para futuras referencias. Puedes hacer este ejercicio solicitando que se presente alguno de tus maestros. Después pídele que te muestre algo que te pasará mediante un símbolo.

Recomendaciones

a. Meditar en grupo ayuda, ya que se hace una mente y energía grupal y es una herramienta valiosa Siempre que vayas a algún lugar, observa todo detenidamente, trata de memorizarlo.
b. Cuando estés recibiendo impresiones para un cliente o alguien más, no debe haber pensamientos egoístas, sólo el gran deseo de ayudar y sanar.
c. Meditación guiada, las imágenes guiadas son la clave para llevarnos a un estado de recepción y son esenciales en el desarrollo de la clarividencia. Esto te llevará a conectarte con tu poder superior para sí darte cuenta que estás en sincronía con ese poder.
d. Recomiendo tomar mi curso de Clarividencia.

8. Clariaudiencia

Escuchar con claridad las energías y las frecuencias, conectarse con las ondas del cosmos y sintonizarse de cerca o lejos.

Clariaudiencia (de *clare* = claro, y *oadire* = oír, oír claramente) es la facultad paranormal a través de la cual nuestra mente expresa las captaciones telepáticas inconscientes, valiéndose de nuestros oídos, pero no de los físicos.

Es la audición directa de sonidos y voces para los que no se detecta causa u origen físico. Según los espiritistas, se conoce así a la facultad de escuchar las voces de los espíritus (almas desencarnadas).

Muchas veces los espíritus se comunican con nosotros a través de sonidos, de canciones, y en este rubro entran esos tipos de mensajes.

A veces suena una canción recordándonos a alguien que ya trascendió, a veces en nuestra cabeza viene esa canción con alguna respuesta.

Muchas veces se escucha como un radio desintonizado, como si no estuviera en la frecuencia correcta. Al escuchar esto, visualiza que sintonizas en alguna estación la radio y trata de escuchar el mensaje, tal vez te venga con una canción, con pensamientos o como palabras. Uno tiene que decirlo todo, cada frase, cada cosa que se escuche.

Al principio empiezan a llegar palabras cortadas, o sin estructura o sentido, pero con la práctica y el tiempo vendrán frases completas.

Cuando estés en un trabajo de clariaudiencia, pon atención absolutamente a todo, has caso a los sonidos que vengan a tu cabeza, y exprésalos si se los estás diciendo a alguien, todo significa. Tal vez escuches ladridos de perros, sonidos de objetos, autos, canciones. Para poder distinguir bien los sonidos en clariaudiencia, primero necesitas entrenar bien a tus oídos físicos, para tener mayor claridad y no confundir los sonidos.

Un paso más allá de la clariaudiencia es la canalización.

Ejercicios de práctica

1. Relájate, relaja todo tu cuerpo y visualiza una burbuja de luz blanca protegiéndote. Visualiza que estás con uno de tus mejores amig@s, imagínate que están escuchando la radio, ahora mira cómo tu amistad cambia la estación de radio. Ubica cuál es ¿puedes escuchar la letra? Al terminar la meditación escribe cuál canción fue. ¿Te hace algún sentido?
2. Ahora repite el ejercicio anterior, pero visualiza a una persona que ya trascendió, o sea, que ya murió, visualiza que

cambia la estación y ubica la canción que sintonizan. Escíbela cuando abras los ojos.

3. Repite el ejercicio con otras personas.
4. Ve a un lugar concurrido, donde puedas detenerte, tal vez un restaurante. Trata de estar atento y escuchar alguna plática de personas que estén cerca de ti. Distingue lo que dicen. Esto te ayudará a tener más claridad cuando actives tu clariaudiencia.
5. Ve a alguna tienda o centro comercial, concéntrate y trata de diferenciar cualquier sonido que te llegue, descífralos detenidamente.

Recomendaciones

1. Para activar bien tu clariaudiencia necesitas tener bien activado el chakra de la garganta, porque está conectado con el oído, esto te permitirá comunicar aquello que escuches o sientas, permite que fluyan y trabaja con este chakra. Lo puede activar visualizando una luz color azul en tu garganta y que cada vez se hace más intensa. Visualízalo como una rueda que gira.
2. Puedes hacer ejercicios con personas que ya han fallecido y escribir todas las palabras que te vengan a la cabeza.
3. Hacer la meditación de Qwan Yin para limpiar el canal.

Capítulo 8.
Dones del elemento magnetismo

El manejo de los campos electromagnéticos para efectuar movimientos y apariciones. Manejo de los campos con la mente.

El poder de los elementos está a tu disposición. El vientre de la madre, el caldero, lleno de infinitas posibilidades te está siendo mostrado. Las herramientas de viejos tiempos están activas, los atalayas de: aire, fuego, agua, tierra y espíritu gustosos de trabajar contigo están. Con la escoba podrás volar y viajar a otros planos, a otras realidades.

Con tu vara la energía del cosmos dirigirás hacia los caminos que tú quieras cruzar. El pentáculo has de abrir y protegido has de estar, para poder brindar con el cáliz la llegada de los dioses en donde se encuentra la infinita sabiduría de la madre y el padre.

Código **MG** equivalente a **MK**. Tiene la consonante G o K, que es la energía de vida y la M, que es de la madre, así que esta es la energía de la madre. El magnetismo de la Tierra que hace que nos mantengamos unidos.

Los que poseen este don son personas con un extraordinario nivel de manejo de energía, se tiene un gran poder, se atrae con facilidad, aquí tenemos al espiritismo, influir en las mentes de las personas, **telequinesis** y **tiptología**.

Tiene mucho que ver con la canalización y la conexión, conectarse con el todo para comprender los símbolos.

El poder consumado de crear, el poder del manejo de la mente, el dominio de la segunda atención, el canal abierto para la creación, no sólo la posibilidad.

Corresponde al código de **MK** o **MG** es el Mago, aquel que se ha transformado. El código de MK, el de Make, de hacer, de la acción, el hacedor, el transformador que ya actúa de forma activa en la Gran Obra.

La persona con este don puede seguir el camino de la transformación. Todos los seres humanos tienen la semilla, pero la maestría sólo la pueden lograr algunos con sus riesgos y responsabilidad.

La capacidad no sólo de conocer, sino de ejecutar, transformarse y transformar a otros.

En magia es que la persona tiene el poder de trabajar con los elementos.

Los dones de este elemento corresponden al número 9 del Tarot y las reinas.

1. TIERRA- Bilocación – 9 de oros
2. FUEGO- Manejo de energías – 9 de bastos
3. AGUAS- Hipotismo – 9 de copas
4. AIRE- Pantomnesia – 9 de espadas

Reinas

5. TIERRA - Telequinesis
6. FUEGO- Exorcizar
7. AGUA- Espiritismo
8. AIRE - Claricognisencia

ELEMENTO MAGNETISMO	DON / DEFINICIÓN CORTA Código MG
1. Magnetismo	Es el uso de energías con las manos y otros para transmitir lo que se quiere. Incluso posibilidad de sanar y transformar. Encantar.
2. Bilocación	Aparecer en dos lugares al mismo tiempo.
3. Hipnotismo	Influir en las mentes de humanos y animales. De humanos, animales, naturaleza y fuerzas. Hipnotismo.
4. Pantomnesia	El inconsciente recuerda Todo. También llamada hipermnesia o criptomnesia.
5. Telequinesis Tiptología	Mover objetos, también llamado psicoquinesis. Aquí entra también la capacidad de dar golpes a distancia.
6. Exorcizar	Mediante imposición de manos canalizar luz y expulsar a entidades negativas. Dar y quitar energías de otros. Consumirlas como nutrimento
7. Mediumnidad	**Espiritismo**, invocación, **canalización**. Capacidad de ser escuchado por los dioses y espíritus y viceversa. Poder de llamarlos y que éstos atiendan. Entenderlos.
8. Claricognisencia	Máxima claridad. Sabiduría y ciencia. Saber las cosas si haberlas experimentado. Don de llegar a la sabiduría y compartirla. Capacidad de aprender muchas cosas. Don de lenguaje.

1. Magnetismo. Manejo de energías

La posibilidad de que al trabajar la materia y en la materia se encienda el fuego transmutador, el fuego que ilumina el fondo. Posibilidad de trabajar con la magia ritual, magia con los elementos, magia de energías por el poder de atraerlas con facilidad.

Son personas que tienen una gran capacidad para manejar energía. Es el uso de energías con las manos para transmitir lo que se desea. Incluso posibilidad de sanar y transformar.

También tienen la posibilidad de transmitir pensamientos, fuerzas, emociones a través de las manos. Tienen una gran capacidad para manejar campos electromagnéticos.

Esta fuerza es muy recurrida en magia, es el poder del encantamiento. Para lograr esto, hay que tener bien abiertos los canales.

Se dice de las energías de las **hechiceras**. Que no sólo usan sus manos para encantar, sino que a través de la mirada pueden trasmitir las energías.

Si la transmisión de esta energía se acompaña de una salmodia, mucho mejor funcionará.

Dentro del magnetismo consideraremos a la **telebulia** que es la proyección de la voluntad para influenciar objetos o seres y explica los fenómenos parapsicológicos, y la **telergia** que es la proyección de energía, por la que suceden los fenómenos parapsicológicos.

Corresponden al 9 de oros.

Ejercicios de práctica:

1. Practica alguna técnica para abrir los canales, te recomiendo la de Magnified healing, para abrir los canales de las manos y sanar con la llama trina.
2. Activa la energía de tus manos tallándolas para estimular los nodos y calentar los subchakras de las manos y así dirigirla a donde lo desees.
3. Llénate de la intención que desees y trata de enviarla por los ojos, pensamiento o tus manos con un toque.
4. Cuando estés trabajando con tus hechizos o decretos, llénate de la energía y emoción de tu intención, una vez que te hayas llenado de esa energía dirígela hacia el objeto con una intención, de esta manera estarás encantándolo.
5. Practica con rituales de Alta Magia y Círculos wiccanos.

Recomendaciones

1. Trabaja con alguna técnica de manejo y acumulación de energía, las orientales y yoga son muy buenas. La tensegridad también es excelente.
2. Practica Reiki.
3. Estudia Hechicería
4. Lee el libro de *Tratado de energías y Defensa Psíquica* TOMO I

2. Bilocación

El fuego descubre que puede entibiar el agua, entibiar las profundidades de las emociones. Al entibiarse las emociones, se acumula energía y al acumular la suficiente, se logra crear un doble.

Es el don de aparecer en otros lugares, tanto en el presente, como en el pasado y el futuro, es presentarse más allá del tiempo y el espacio.

La bilocación puede ser definida como la presencia simultánea de una persona en dos lugares diferentes. En el caso de las personas que lo experimentan, aparentemente podrían ser capaces de interactuar con su entorno de forma normal, lo que incluye la posibilidad de experimentar sensaciones y de manipular objetos físicos. En ocasiones se presentan como si fueran espíritus.

Si bien no existe una explicación clara para explicar el fenómeno, se cree que la bilocación puede ocurrir del siguiente modo: mientras un cuerpo permanece en un lugar, en otro lugar podría estar una representación o figura aparente del mismo.

La bilocación actuaría de dos maneras: o puramente en espíritu o bien en cuerpo y alma (la persona completa). Los ocultistas, espiritistas, teósofos y otros, en tanto, se refieren a la bilocación como una especie de viaje astral. El cuerpo físico, real, quedaría como muerto y el alma, con un cuerpo igual de visible, actuaría en otro lugar. Se lleva a cabo la creación de un doble etérico, como se señalaba en la Golden Dawn. Se puede pasar la voluntad o incluso, algunas veces la persona tiene su voluntad en el cuerpo original y en el creado.

Este don se parece mucho a los viajes astrales, sin embargo, muchas veces este se hace sin tener la voluntad de llevarlos a cabo y es necesario tener la suficiente energía etérica para lograrlo, ya que la sustancia etérica es la que lo hace, la idea es llevar a cabo esta proyección astral voluntariamente a través de la práctica.

Se le llama incluso **clarividencia viajera** que data de los pueblos primitivos, los chamanes y los hombres que se dedicaban a la medicina eran los que con frecuencia mostraban esta habilidad. La clarividencia viajera es un talento que se puede poseer de manera natural y puede ocurrir intencional o espontáneamente. La terminología actual utilizaría la frase "**vista remota**" para describir esta habilidad.

Ya sea que se experimente bajo hipnosis o de manera espontánea, la clarividencia viajera es una habilidad que podría ser muy útil para algunos o al menos una experiencia que podrían disfrutar. Sin embargo, le advertiría que actuará con integridad.

A través de este tipo de viajes, o de presentarse en otro lugar, uno es capaz de ver lo que otra persona esté haciendo a la distancia. Por ejemplo, hay personas que están hablando por teléfono con alguien y de pronto pueden ver a la persona con la que están hablando, cómo están vestidos, dónde están sentados. Otras veces, se siente la presencia de alguien más y no necesariamente es un muerto o espíritu, es una persona viva que nos ha visitado. Se debe tener cuidado porque esto puede llegar a ser una clara invasión a la privacidad y sin duda una práctica poco ética.

Corresponde al 9 de bastos.

Ejercicios de práctica

1. Después de meditar para relajarte, pide a tus espíritus maestros que te lleven a un destino en particular. Escoge un lugar en el que puedas verificar los resultados, tales como la casa de un amigo del colegio que viva en otro estado. Te sugiero que utilices un vehículo para viajar la primera vez que realices este ejercicio, por ejemplo, puedes utilizar una nube, una luz o unas alas. Visualiza este vehículo atravesando el tiempo y el espacio hasta llegar a tu destino. Cuando te encuentres ahí, observa todo con cuidado, debes prestar más atención a los colores, objetos, muebles, paredes y personas o animales. Si encuentras una persona, observa cómo está vestida. **¿De qué color es su ropa? ¿Qué es lo que está haciendo? ¿Viendo televisión? ¿Hablando por teléfono? ¿Escribiendo en la computadora?**
   Por favor no utilices este ejercicio como una excusa para invadir la privacidad de alguien, escoge una persona que esté dispuesta a participar en este ejercicio y a una hora del día que sea apropiada, como en la tarde, cuando tu amigo está en casa estudiando o cocinando y no a una hora del día en la que se esté bañando.
   Registra tus descubrimientos, después llama a tu amigo para verificar si son correctos y anota los resultados de la conversación.

Recomendaciones

a. Recapitular y generar un doble energético fuerte para poder llevar a cabo este tipo de maravilla.
b. Practicar el viaje astral y el traslado de la conciencia al cuerpo de luz.

3. Hipnotismo

Todas esas emociones y esa fuente infinita encuentran un propósito. La magia.

En la antigüedad las personas que practicaban magia conocían sobre las técnicas de la hipnosis. Ya que pueden lograr influir en las creencias y comportamientos de otros.

La hipnosis, que proviene de un término griego que significa "adormecer", refiere al estado o la condición que genera el hipnotismo, el cual es un procedimiento que consiste en inducir a una persona a la somnolencia.

Se dice que la hipnosis es una condición fisiológica que hace que una persona pueda actuar de manera inconsciente según lo que le ordene el hipnotizador. Hay que aclarar, sin embargo, que los resultados obtenidos en cada caso dependen en gran parte de la predisposición de los individuos.

La hipnosis ha demostrado ser muy eficaz en tratamientos contra el tabaquismo, fobias de todo tipo, la obesidad, así como para combatir dolores y estimular la atención y mejorar la memoria. A menudo en no más de un par de sesiones, este procedimiento puede desarraigar miedos y sensaciones de rechazo que dificulten la vida de una persona. Asimismo, alterar la percepción de un estímulo físico que solía asociarse con un gran dolor, convirtiéndolo en un daño más soportable por el individuo.

La hipnosis es protagonista de numerosas, diversas y contradictorias teorías, algunas enfocadas en la actividad cerebral, y otras que la ubican en el terreno de lo fenomenal. Además, existe una clara división entre quienes creen que durante el estado de hipnotismo prevalece la conciencia y quienes lo niegan rotundamente:

* Las teorías de disociación, que sostienen que la hipnosis se alcanza a través de un corte o separación de ciertos elementos del plano consciente.

* La teoría informacional que, por su parte, afirma que la hipnosis incrementa las capacidades de una persona para recibir un mensaje, lo que permite que éste llegue de manera más definida.
* La teoría de la construcción social, también conocida como teoría del rol, que asegura que el hipnotizador consigue que el hipnotizado se compenetre con un rol y actúe dentro de una especie de realidad paralela.
* La teoría de la hipersugestibilidad, que indica que el hipnotizador logra imponerse sobre la voz interna de la persona ya que su atención se limita.

Cualquiera que sea la explicación científica, es un hecho, y hay personas que tienen este gran poder estudiándolo o no.

Puesto que la hipnosis implica un "contrato para que el sujeto siga las sugestiones que da el hipnotizador, las sugestiones más productivas serán aquellas que se puedan seguir fácilmente, es decir, aquellas que:

- Se construyen con una frase afirmativa en su forma y contenido.
- No se sugiere un objetivo negativo o la ausencia de algo (va contra la ley del esfuerzo inverso).
- Se sugiere activamente el objetivo positivo de la presencia de alguna otra cosa como la calma, surtirá efecto de acuerdo con la ley de la teleología subconsciente.

Ejercicios de práctica

1. Introdúcete en una escena, viendo, escuchando, sintiendo... cuanto más sentidos utilices, mejor, puedes intentar reproducir todos los sentidos en una escena, o hacerlo secuencialmente lo que te llevará a un estado más profundo, ejemplo: primero centrarnos sólo en las imágenes, después en las sensaciones, podemos vernos en un lugar en que nos

sintamos muy tranquilos, una playa, un bosque, o en lugares como un ascensor, escaleras, para profundizar todavía más la experiencia. Una vez que estés ahí, visualiza una pantalla enfrente de ti, con la imagen de ti haciendo lo que quieres instalar, visualiza que ahora tú entras ahí y te conviertes en esa persona.

Recomendaciones

a) Estudia hipnosis.
b) Estudia métodos de relajación profunda, como los de las respiraciones en 8,6,8.

4. Pantomnesia

La mente individual unida con el todo. Encuentro y entendimiento del Logos.

El primer paso es el recordar. Este don, también llamado **hipermnesia** o **criptomnesia** consiste en la evocación de vivencias sensoriales y percepciones subliminales pasadas, que quedaron registradas en el inconsciente, incluidas las experiencias intrauterinas, y otras vidas anteriores (estos recuerdos avalan la existencia de la reencarnación, y, en casos de contraste evidente de los mismos en la realidad, han de considerarse confirmatorios de la misma).

Hay personas que recuerdan claramente sus primeros días de vida, por ejemplo, mi esposo Jorge Rosell, recuerda cuando por primera vez abrió los ojos, así como infinidad de experiencias de sus primeros momentos de vida en esta encarnación.

Este fenómeno se produce durante las regresiones (en estado de profunda relajación o en estado hipnótico), en las que se recuerdan y reviven emocionalmente todas las experiencias del pasado, tal como fueron vividas en su momento. Pero incluso hay algunas personas que tienen regresiones espontaneas o que pueden recordar sus vidas pasadas como recuerdos de una vida presente. Algunas veces esos recuerdos suceden en sueños.

Ejercicios de práctica

1. Entrar a un estado profundo de relajación, contar en cuenta regresiva y llegar al momento que se quiere recordar. Contar tres, después observar con tu ojo interior y sentir cada detalle.
2. Practicar ejercicios de regresión a vidas pasadas.

Recomendaciones

a) Observar siempre todo lo que suceda.
b) Hacer ejercicios de recordar cada detalle de los lugares a los que fuiste.
c) Te recomiendo mi curso de regresiones a vidas pasadas.

5. Telequinesis

La capacidad de manejar las frecuencias a distancia, provocando el movimiento a voluntad del éter y los objetos. Que las fuerzas invisibles trabajen a tu mando.

Telequinesis, o también llamada **psicoquinesis** (PK), es el movimiento de objetos usando solamente la mente sin la mediación de alguna fuerza o energía visible. En algunas circunstancias puede haber presencia de un médium, tal como se llama a aquel que se considera dotado de poderes paranormales y que le permiten la comunicación con espíritus o mediar en otros fenómenos.

Uri Geller fue muy famoso en su época por llevar a cabo este tipo de fenómeno paranormal. Podía manipular objetos con su mente. Doblaba cucharas de metal con gran facilidad.

Dentro de este don tenemos la manipulación de objetos por uno mismo o por los espíritus.

En este rubro entra la **tiptología** que es la comunicación inteligente de los Espíritus mediante la producción de golpes. Hay clasificaciones en este rubro:

- **La Tiptología por movimiento** (*typtologie par mouvement*): cuando los golpes son efectuados por cualquier objeto que se mueve, como por ejemplo una mesa que golpea con sus patas por medio de un movimiento basculante.
- **La Tiptología íntima o pasiva** (*typtologie intime ou passive*): cuando los golpes se hacen escuchar en la propia sustancia de un objeto completamente inmóvil.
- **La Tiptología alfabética** (*typtologie alphabétique*) los golpes dados designan las letras del alfabeto que, reunidas, forman las palabras y las frases. Puede ser producida por los dos medios anteriores.

La tiptología es un medio de comunicación muy imperfecto en razón de su lentitud, que no permite desarrollos tan extensos como los que pueden obtenerse a través de la psicografía o de la psicofonía.

Una herramienta que se utiliza para la comunicación con los espíritus son las tablas, como la ouija, pero hay muchas tablas más que pueden ser utilizadas para la comunicación con los espíritus. Lo importante siempre es determinar qué espíritus se están invocando y hacer un círculo de protección bien hecho, recomiendo mucho el wiccano.

Este don corresponde a la reina de oros. Por la capacidad de mover con la voluntad los objetos.

Ejercicio de práctica

1. Comienza practicando con las varitas de zahorí. Lanza tu voluntad a través de tu mirada para comenzar, y ordénale con tu mente y con mucha convicción, muévete. Al principio puedes ayudarte de tus manos a la distancia, como dando la dirección al objeto, después con el tiempo será sólo con tu mente.
2. Consigue una pluma de ave. Cierra tus ojos y respira profundamente. Siente cómo de tus pies salen unas raíces, las cuales llegan hasta el centro de la Tierra. Siente cómo tomas energía del centro de la Tierra, llega a tus pies, y sube a tus tobillos y rodillas. Es una energía que te centra y estabiliza. La energía va subiendo por tus piernas, tu cadera, tu centro reproductor, tu cintura, espalda, hombros, brazos, cuello, cabeza y llega hasta tu frente y coronilla. Dispersa cualquier negatividad. Respira profundo.
   Abre tus ojos y enfócate en la pluma que está en la mesa enfrente de ti, siente toda esa energía que recogiste, siente cómo la lanzas hacia la pluma, la energía la rodea, siente como si tuviera alar la pluma y se desplaza. Siente cómo con tu fuerza puedes alejar la pluma de ti.
   Ten paciencia si no sucede a la primera.

Recomendaciones

1. Debes tener mucha confianza en lo que estás haciendo, una clara convicción en lo que deseas y manejo de tu voluntad.

6. Exorcizar

Es un don divino. La capacidad para manejar la suficiente voluntad, conectada con la divina para extraer entidades y malas energía de las personas, objetos y espacios.

Va de la mano con la imposición de manos.

Las personas que poseen este don son consideradas sacras, su aura debe ser de una altísima vibración, violeta y lo que le sigue.

Tienen la capacidad para expulsar a entidades negativas, pueden ser ayudadas para lograrlo, pero con el simple hecho de tocarles la frente a los posesos, la entidad se va.

Con este don es posible también absorber esas energías negativas y alimentarse de ellas transmutándolas en lo que se desea.

Un exorcismo es un conjunto de fórmulas y de ritos que se practican para expulsar un espíritu maligno, especialmente el demonio, del cuerpo de una persona, de un lugar, etc.

De acuerdo al Misal Romano de la iglesia Católica Apostólica Romana, de la última modificación en 1990, hay 3 exorcismos:

- Bautismal: En el momento del bautismo, cuando se realizan los votos.
- Solemne: Ritual sacramental desarrollado en 1614 y renovado en 1998, se recitan oraciones.
- Objetos y lugares.

Es importante estar en un máximo estado de equilibrio para llevar a cabo exorcismos, la persona debe ser un guerrero de la luz, no tener una pizca de miedo y debe contar con mucha fuerza. Hay que entrenarse para hacer un exorcismo de entidades y demonios.

Este don corresponde a la reina de bastos.

Ejercicio de práctica

1. Busca rezos que son muy poderosos y te pueden ayudar a expulsar a las entidades
2. Hay fórmulas, plantas y hechizos para expulsión de entidades.

Recomendaciones

a) Practica la alta magia y la alquimia, para volverte sacro.
b) Te recomiendo mi libro de *Tratado de energías y defensa psíquica* Tomo III.
c) En el curso que doy del ABC de la energía y la brujería enseño cómo llevar a cabo exorcismos.

7. Mediumnidad

La definición que encontraremos en las redes es: Un médium (médiums en plural), clarividente, clariaudiente o clariestésico y otras facultades similares designa a una persona a la que se considera dotada de facultades paranormales de percepción extrasensorial, que le permitirían actuar de mediadora en la consecución de fenómenos parapsicológicos o comunicaciones con los espíritus.

Y difiero en esta definición, ya que aquí se mezclan diferentes facultades psíquicas, además de las señaladas. Un **médium** es aquella persona que tiene contacto y canaliza los mensajes de los espíritus. Un **médium** es una persona de cualquier edad, género, educación o cultura cuya sensibilidad es tal, que es capaz de visualizar y comunicarse con entes espirituales. La clariaudiencia y clarividencia son algunas de las facultades que utiliza para escuchar o ver el mensaje, normalmente tiene además de estos, otros dones psíquicos desarrollados. Lo transmite a través de diferentes vías también, pero la función principal es fungir como canal de transmisión.

La **mediumnidad** (*médiumnité*, en francés) es la facultad de la que dispone un médium para ponerse en contacto con las personas ya fallecidas u otras entidades de otros planos o realidades.

Al comunicarse con el mundo espiritual los médiums son capaces de mejorar sus vidas, agregándole la sabiduría que les ha sido transmitida por los espíritus. Ven y escuchan espíritus, sienten su presencia y pueden hasta olerlos, pero no todos los psíquicos son médiums, algunas personas son médiums de nacimiento y otras aprenden a desarrollar estas habilidades; ambos son capaces de poseer clarividencia y dones. Algunos psíquicos no pueden ver espíritus, así como algunos médiums, sin embargo, pueden ver otras cosas tales como objetos, palabras, números o escenas, todos somos psíquicos en cierto grado y todos podemos ser clarividentes.

Los médiums deben aprender a desconectar sus habilidades clarividentes y activarlas cuando lo desean porque, de lo contrario, son bombardeados con energías no deseadas todo el tiempo.

Una explicación que se ha dado de los médiums es que les es posible establecer contacto con porciones de su inconsciente, y que les permiten desde allí acceder a realidades no ordinarias y eventualmente comunicarlas. No está muy claro que sea una actividad extrasensorial, sino probablemente mediada por el "sensorio" hacia zonas poco conocidas de la actividad psíquica.

En la época de Kardec se llamaba **Espiritismo**. La edad de oro del Espiritismo moderno abarcaría aproximadamente desde el año 1850 hasta el comienzo de la II Segunda Guerra Mundial. El Espiritismo como tal se inició en Francia con *El libro de los espíritus* de Allan Kardec, pasando luego a Estados Unidos, donde se mezclaría con creencias, misticismo y espectáculo. En Brasil, el médium principal era Chico Xavier (1910-2002). Pero en realidad sus raíces se esconden en el mismo surgimiento de la humanidad, como ha quedado testimoniado en diversas culturas, por ejemplo, el oráculo de Delfos y otros menos reconocidos en el mundo grecorromano o en el chamanismo.

Numerosos investigadores y científicos de la época, algunos de ellos Premios Nobel y primeras figuras del elenco científico internacional, realizaron investigaciones y trabajos sobre las facultades de los médiums.

En la época famosa del espiritismo, los médiums contactaban a muertos y de vez en cuando llegaban entidades de alta talla espiritual, es decir, seres más luminosos como guías y guardianes. Cabe mencionar que hay algunos muertos que tienen la misión de fungir como guías, pero no lo son todos.

Los espíritus pueden no ser vistos, se comunican telepáticamente, se requiere de tiempo y práctica abrirse a los mensajes que envían.

En la actualidad, se le llama **canalización,** que se considera el acto de recibir el mensaje de un ser de luz de vibración elevada y plasmarlo en la materia. Tanto la recepción como la transmisión del mensaje pueden darse de diferentes maneras.

Se dice que en la canalización hablan sólo seres de luz, sin embargo, una buena médium o canalizadora, transmite mensajes de cualquier tipo de entidad. Mientras más elevada es la vibración del canal, más seres puede canalizar.

Si la persona no puede elevar su vibración, entonces canalizará a seres del bajo astral, pero mientras más desarrolla su conciencia, más espíritus canaliza.

Los niveles de canalización son:

1. Se perciben los mensajes a través de los otros sentidos y se comunican mediante la voz o escritura. Es una especie de videncia y clariaudiencia.
2. Se transmiten los mensajes canalizando a la energía, pero no se pierde la conciencia. El ser que se comunica usa al canal como si fuera su propia voz. El canalizador recuerda todo lo que ha dicho.
3. La persona pierde por completo la conciencia y está posesa del ser que está canalizando.

Todos tenemos la capacidad de recibir los mensajes de los espíritus; sin embargo, algunos pierden la conexión, pero se puede recuperar mediante ciertas prácticas.

Algunas veces, los espíritus utilizan como vehículo a la persona no sólo para transmitir mensajes, sino que le dotan de ciertas facultades como sanar.

Las personas con este don tienen, además de la capacidad de comunicarse con los espíritus, la facultad de invocarlos. Normalmente los espíritus atienden a su llamado.

La mediumnidad está representada por la reina de copas en el Tarot.

Ejercicio de práctica

1. Ayuda bastante realizar los ejercicios que hemos señalado sobre clariaudiencia. Lo importante aquí es estar en estado absoluto de receptividad, poniendo la mente en blanco, bien protegido, lanzar la pregunta y esperar la respuesta, fluir hasta que se abra bien el canal y el espíritu hable por nuestras cuerdas bucales.
2. Recomiendo escribir planas de IOIOIOI para abrir el canal, hacerlo durante 10 minutos. Utilizar una vela azul encendida y soltar las preguntas para ver qué se recibe.

Recomendaciones

1. Te recomiendo limpiar primero tu canal para que las entidades que se comuniquen sean del alto astral.
2. No jugar a invocar a espíritus indeseables.
3. Te recomiendo mi curso de Desarrollo de los dones de la bruja 1 para conocer todo acerca de este don, ahí limpiamos el canal.

8. Claricognisencia

Conectado al gran Logos, puedes encontrar las respuestas dentro de ti, conectándote con la Gran Sabiduría del Espíritu.

Es la capacidad para saberlo todo, es una mezcla de canalización, inspiración y conocimiento. La persona sabe de todo sin haberlo aprendido, sin saber de dónde viene ni por qué lo sabe. Se dice que esta persona está conectada con los registros akáshicos y accesa a ellos en todo momento para obtener esa información.

A veces nos hacen preguntas y contestamos y no sabemos de dónde vino la respuesta. Muchas veces estas respuestas son reveladas por espíritus. Este don está muy vinculado con la clariaudiencia y la clarividencia, porque las respuestas surgen en forma de visiones, las escuchamos o simplemente las sabemos.

Este don está vinculado con el 7º chakra, que es el coronario, de donde viene el conocimiento espontáneo, es el que nos conecta con el Universo.

Este don nos dota de mucha sabiduría, mucho conocimiento de diferentes áreas de la vida, sobre cualquier tema.

La **precognición** es un don relacionado con la **clarcogniscencia**, donde se pueden saber sucesos futuros y prevenirlos. A veces se tienen ideas o flashazos y no se relacionan con el presente, porque en realidad nos están hablando del futuro.

Muchas veces se puede sentir que algo grande está por llegar, pero no se sabe qué es, el universo nos está preparando para algo vasto, sabemos que viene, pero no sabemos qué es. Esto nos lleva a meternos a clases, buscar personas y tratar de encontrar respuestas. Todos los dones que hemos visto te pueden ayudar a tener más claridad. Mientras más sepas, más fácil será comprender y traducir las señales que estás recibiendo.

La claricogniscencia está representada por la reina de espadas.

Ejercicios de práctica

1. Cuando tengas alguna pregunta permite que la energía fluya por tu mente, no dudes, deja que fluya.
2. Concéntrate en una pregunta, por ejemplo ¿Qué me hace falta el día de hoy? Enfócate en tu chakra del tercer ojo, y por un acto de voluntad lleva tu conciencia y esa energía a la coronilla, deja tu mente en blanco y desde ahí trata de contestar la primer palabra que te llegue. Intenta después con frases.
3. Meditar todos los días y verificar que tu chakra coronario siempre esté abierto. Al meditar estás en un estado de paz y receptivo y es más fácil que se abra el canal para recibir la información. Lao Tzu decía: "A la mente que está en paz, el Universo se rinde". Además de traer sabiduría, nos trae paz, alegría y felicidad.
4. Necesitas al menos media hora para realizar este ejercicio. Una vez que te hayas relajado profundamente, trata de no sentirte interrumpido y confortable. Respira profundamente, inhala y cuando exhales permite que se vaya todo pensamiento y tensión de tu cuerpo. Pon atención al tope de tu cabeza, el área donde está la coronilla, siente cómo cada vez que inhalas y exhalas en cada respiración, hay una serie de folículos brillantes que surgen de tu cabeza, son como tu cabello, siente cómo esos folículos se conectan con el universo y tienen sus raíces en ti. Siente cómo se mueven esos folículos, percibe cómo ese movimiento y esa energía entra en todo tu cuerpo. De tu coronilla baja la energía al tercer ojo, siente un calor alrededor de tu cabeza principalmente en el área de la frente. Siente cómo hormiguea tu cabeza. Ahora observa y siente cómo esa energía baja a tu chakra de la garganta, el chakra de la comunicación. La energía brilla mucho, siente cómo se mueve y va bajando a cada uno de los chakras, permitiendo que se abran. Siente cómo baja esa

energía positiva. Ahora baja a tu pecho sanando tu chakra del corazón. Siente ahora cómo tu chakra del corazón se expande mandando energía sanadora a todo tu cuerpo desde tu corazón. Después verás cómo se expande esa energía por todo tu abdomen, es energía positiva, energía calientita. Sigue bajando ahora al área reproductiva. Siente cómo el chakra sacro se llena de luz y se expande. Sigue al chakra raíz, entre tus piernas, en la base de la espina dorsal. Siente cómo todo se conecta con tu coronilla. Siente toda esta energía positiva sanadora relajante, ésta forma un círculo completo a tu alrededor. Se llena cada vez más y más de luz es una esfera de protección ya mismo tiempo saca chispas de energía positiva

Visualiza ahora el tope de tu cabeza lleno de cientos de fibras ópticas que salen de tu coronilla, son de diferentes colores. Imagina cómo algunas de estas fibras salen hacia tu cuerpo y siguen incrementando la energía de la esfera que te protege y hay otras que van hacia el cielo y otras que van hacia la tierra. Se conectan con Todo el universo arriba y abajo y hacia los lados y siente cómo toda esta energía se concentra en tu chakra coronario, el centro de la claricogniscencia. De verdad cree que toda pregunta te será contestada. Piensa que cualquier pregunta que tú estés buscando será mandada a ti a través de estas fibras ópticas, a través de estos cables; como si fuera la televisión que recibe las señales tu chakra coronario, recibiendo cualquier respuesta. Piensa ahora en las preguntas que quieres que sean contestadas, pueden ser preguntas de cualquier índole: profesionales, monetarias, de tus hijos si los tienes, cualquier pregunta y permite llegue esa información a ti.

5. Cuando sientas que estás en la orilla al borde de una etapa, puedes hacer esta meditación. Cuando sientas que algo viene pero que no sepas que es. Respira, relájate, imagínate que estás en la cima de un risco y qué estás esperando, relajado, liberado de cualquier negatividad. Figúrate que en la parte

de enfrente está toda una nueva etapa de tu vida, un cambio muy importante y ahí está también todo lo que necesitas. Tratas de mirar qué hay del otro lado salta hacia ese otro lado y ve hacia ahí, en ese perímetro trata de observar qué hay para ti, cuál es la sensación cuál es tu siguiente paso y así sabrás con anticipación qué es lo que te espera desde ahora, desde el presente.

Recomendaciones

1. Practica la mediumnidad.
2. Practica caminos espirituales.
3. Lee mucho, aprende, toma todos los cursos que puedas.

Capítulo 9.
Dones del elemento Espíritu

Es la energía que todo lo abarca, la Gran Fuerza presente en todo cuanto existe. Es la energía que crea vida y sustenta toda creación. Las más altas frecuencias de esta energía se conocen como **Tao** en China, **Shabd** o **Nam** en India, **Logos** en Grecia antigua, **Kalima** o **Ism al-Azam** en la tradición sufi, **Espíritu Santo, el Verbo** o la Palabra en la judeo-cristiana, el **Aliento divino**, el **Gran Espíritu** en las tradiciones indígenas, el **Universo**, la **Gran Fuerza Creadora**, el **Campo** o la **Gran Fuerza** en pensamientos actuales, para nosotras, algunas wiccas, es la **Diosa**. Es el poder de vida, es la fuerza universal que lleva el universo a su más perfecta expresión.

Esta alta frecuencia vibratoria o conciencia va disminuyendo y se reduce en intensidad, hacia frecuencias progresivamente más bajas, con el fin de sustentar la vida en la Tierra en el sistema cuerpo-mente. En su forma reducida, esta alta frecuencia vibratoria de energía se conoce como **chi** en China, **ki** en Japón, **prana** en la India, **aither (éter)** o **pneuma** en la antigua Grecia, **khu** para los egipcios, **nephesch** o **ruach** en hebreo que significa aliento, **esma** en catalán, mana en Polinesia, **orgón** en la bioenergética, y en diferentes doctrinas más es la **energía de vida**. En el ocultismo es la energía de la carta del Loco: el espíritu del aire. Se corresponde con la letra hebrea **Aleph,** se le atribuye el elemento aire en el sentido de aliento de vida. Es el aire que enciende y mantiene el fuego del espíritu. Esta Gran Fuerza, el Espíritu entonces, aterrizada al ser humano es el éter.

Es el código **KL**. La K sola es divinidad, es la energía divina. Si le añadimos la L que es la feminidad, es aprender y enseñar también, tenemos aquí esa fuerza divina que se extiende. La K se identifica también como G o Y. Son el código de LoGos, LoCo, KaLos, KaLidad. Tiene que ver con la LeY que todo lo rige, con el primer pensamiento. El LoCo en el Tarot, aunque no lo parezca es la pieza perfecta para que todo siga su rumbo.

Es el **Logos** primigenio, aquello de donde surge lo que es, permite ver algo que es aquello de lo que se habla. Es todo lo que tiene que ver con algo, la forma de alcanzarlo mediante la percepción, la forma en la que se manifiesta, la forma de definirlo, compararlo y comprenderlo.

En la vida es lo bello, todo lo que ES, que tiende al BIEN, a la VERDAD, a la CALIDAD. Es la conexión con la energía superior.

Esta gran fuerza divina manifestada es la vida y lo que sucede en ella, más allá del tiempo y el espacio, por ello tiene que ver con los dones de su manifestación, la muerte y la vida, su lectura en los símbolos, dar vida y sentido a las cosas y los objetos, despertando su poder. Tiene que ver con los dones de conexión y su manifestación, como la canalización de esa gran fuerza, sentirla, con la multidimensionalidad que es percibirla.

Es el número 10 de los palos del Tarot y los reyes.

1. TIERRA - Danza y trabajo con el cuerpo
2. FUEGO - Predecir la muerte
3. AGUAS - Adivinación
4. AIRE - Descifrar los símbolos

Reyes

5.TIERRA - Hipertesia
6. FUEGO - Canalización de la Gran Fuerza
7. AGUA - Misticismo
8. AIRE - Multidimensionalidad

ELEMENTO	DONES / DEFINICIÓN CORTA
ESPÍRITU	**Código KL**
1. Danza y trabajo con el cuerpo. Círculos	Generar conos de poder y manejo de energía mediante círculos y espirales a través de movimientos y danzas.
2. Muerte y vida.	Predecir el final de chispa divina. A través de diferentes cualidades, saber cuándo alguien nacerá o morirá. Incluso podrían provocarlo.
3. Despertamiento	Reanimar las cosas y personas, darles un sentido a los objetos y a las personas. El don del encantamiento. También es el poder de regresar a la vida o despertar, de forma simbólica o real.
4. Descifrar los símbolos	El gran poder de transmitir y traducir los símbolos
5. Hipertesia	Sensaciones exaltadas.
6. Canalización de la Gran Fuerza	Ser vehículo de fuerzas y espíritus elevados. Se comunican mensajes de luz a través de ellos. Mensajeros divinos.
7. Misticismo	Conexión con el todo, unión, integrar.
8. Multidimensionalidad	Ir a otras dimensiones, plena consciencia, viajes interestelares.

1. Danza

El dominio absoluto sobre la materia. Los elementales y Quirón en armonía contigo celebrando la comunión. Encuentro con el Dios de la materia.

El cuerpo mismo se convierte en el vehículo. El movimiento es la expresión de vida, además de integrar los hemisferios cerebrales, produce endorfinas de placer que fortalecen el sistema inmunológico. Las endorfinas están directamente relacionadas con la memoria y el aprendizaje.

Son personas que tienen el gran don de trabajar con su cuerpo para expresar la magia, de hecho, pueden manejar las energías del cosmos a través de su danza, pueden activar la kundalini, son la expresión artística de la Gran fuerza manifestada en los movimientos armónicos del cuerpo. Este don también está relacionado con el trabajo con los círculos de poder hechos con danzas.

Mediante los movimientos circulares manejan la fuerza, hacen conos para convocar a las energías de las personas y llamar al poder del Gran Espíritu, que siempre escucha el llamado de los círculos.

Ejercicios de práctica

1. Pon la música que más te guste y muévete a voluntad, deja que tu cuerpo indique el movimiento. En oriente se llama Katsugen. Haruchika Noguchi, un sanador japonés usaba estos movimientos para que las mujeres embarazadas dieran a luz sin dolor. Katsugen consiste en movimientos que surgen de manera natural. Estos movimientos equilibran la energía vital del chi para apoyar la salud, el vigor, la confianza en uno mismo y la coordinación física. Al hacer este ejercicio, permite que tus manos se muevan al área del cuerpo que deseen.
2. Baila en tu casa siempre que puedas.

Recomendación

1. Practica algún tipo de danza.
2. Practica el movimiento libre para estirarte, intenta bostezar siempre que puedas.

2. Muerte y vida

Se ha encendido el fuego, la iluminación. Dragones danzando a tu alrededor.

Capacidad de predecir la chispa final de vida, pero también de inicio.

Son personas que saben cuando alguien morirá, se les aparece la muerte para indicarles quién acabará con sus días, también pueden tener visiones de esto en sueños.

La energía del dragón es la Gran Fuerza del Espíritu, un dragón fuerte es magia y poder, un dragón débil es un dragón apagado y la disminución del campo vital. Las personas con este don miran y sienten la fuerza del dragón.

Saben también cuando alguien va a nacer, o alguien que se va a embarazar o a tener un bebé. Incluso pueden saber el sexo del bebé.

Tenemos aquí también a personas que pueden vivir por mucho tiempo, parecerían incluso inmortales.

Este don corresponde al 10 de bastos.

Ejercicios de práctica

1. Es muy difícil aprender este don., las personas que lo poseen ya nacen con él; sin embargo, uno se puede ayudar de predicciones mediante herramientas para cuándo sucederá.

Recomendaciones

a) Estudiar alguna mancia.
b) Si se sabe que alguien va a morir, utilizar rezos y rituales para evitarlo, cuando es inevitable, para que trascienda a la luz y no se quede detenido en la Tierra.
c) Practicar cualquier método curativo y de sanación para prolongar la vida.

3. Despertamiento. Encantamiento

Las copas han sido multiplicadas, fuentes diversas para dar, la enseñanza transmitida, regar otros jardines. Los ángeles celebrando contigo la victoria del equilibrio de la mente y las emociones. Encuentro con el Dios crístico. Sufrimiento que une a la divinidad.

El sufrimiento en el sentido de el sacrificio o inversión para lograr algo a cambio.

Son personas que despiertan consciencias en los humanos, pero también despiertan la energía de los objetos. Por eso en específico, en relación con los objetos, es el arte de encantar. No sólo darle la intención al objeto en el sentido del magnetismo, sino de regresar a la vida, elevar y ayudar a la manifestación de todo el potencial.

Son personas que han logrado la santidad por labor propia en esta vida, que son encarnaciones divinas o que debido a la evolución de vidas anteriores y su misión, traen esa energía.

Son personas que con magia pueden provocar el nacimiento o la muerte, incluso el renacimiento, es decir, hacer que personas o animales que ya estaban muertos, revivan, es decir, la resurrección.

Son una combinación de varios dones, entre ellos el del sumo sacerdocio, ser mago o brujo, ya que con un pensamiento, un toque o una palabra, activan la energía de los otros debido a su gran conexión con als fuerzas divinas.

En este apartado incluimos el don de encantamiento de amuletos, sería una especie de hechicería para lograr que los objetos cumplan con aquello que se les ha designado.

Ejercicios de práctica

1. Cómprate algún oráculo y estudia su significado, pero déjate llevar a ver qué más te llega con el fin de enriquecer tus lecturas.

Recomendaciones

a) Estudiar hechicería.
b) Estudiar Magia para activar tu poder y conexión.
c) Llevar a cabo alguna práctica para conectar con tu divinidad.

4. Simbología

Leer las señales de los dioses, somprender el lenguaje del universo y darle un sentido. Cuando als aguas están en calma, se unen los elementos para encender la chispa del entendimiento y ahora ¡todo cobra sentido!

Por lo pronto esto se expresa en la vida humana como entendimiento. A la comprensión del Espíritu sólo se accede mediante el símbolo, que además de razón es sentir.

Los símbolos requieren de más de una interpretación, son claves para descifrar los misterios del inconsciente y el supraconsciente. Puede haberlos muy elaborados o podemos encontrar los símbolos o arquetipos universales, de los cuales hablaba Jung.

Las personas con este don pueden leer más allá, lo que les da una gran facilidad para interpretar cualquier símbolo, tienen una conexión profunda con las fuerzas del inconsciente; y además de leer los símbolos, comprenden y trasmiten el sentido divino, la razón que hay detrás de cualquier tipo de acontecimiento, es decir, el para qué.

Las personas con este don, además tienen una excelente memoria, pueden completar imágenes y darles un sentido total.

Miran imágenes y símbolos en todas partes.

Este don va de la mano con la interpretación de las mancias. Por ejemplo, una persona puede estudiar la simbología astrológica y leer esa información y los arquetipos de los planetas en todas partes, en la vida, en las manos (quiromancia) en las cartas del tarot, etc.

Existen diferentes tipos de simbología de acuerdo con las épocas y culturas, sin embargo, hay arquetipos universales.

Este don da la extraordinaria capacidad de descifrar los símbolos con facilidad y mucha exactitud. Es tener *insights* continuos, inspiración divina en conjunto con la claricognisencia. Iluminaciones en los significados de todo cuanto pasa en la vida.

Corresponde al 10 de espadas.

Ejercicios de práctica

1. Estudia sobre símbolos mágicos.
2. Practica la lectura del café turco es una excelente vía para comprender el significado de los símbolos.
3. Practica leyendo los restos de una vela.
4. Haz un diccionario de símbolos con significado personal es decir, comienza con las palabras que empiecen con "a", por ejemplo "avión", ahora escribe para ti qué significa un avión, algunas respuestas para inspirarte pueden ser: viaje, emprendimiento, elevación, etc. Continua con cada palabra que se te ocurra.
5. Medita con símbolos

Recomendaciones

a) En mi libro de "Tratado de Defensa Psíquica TOMO I", hay una sección en los amuletos y los animales donde podrás encontrar algunos significados.
b) Estudia la lectura del café para activar tu sensibilidad e interpretación de símbolos.
c) Estudia interpretación de sueños, ahí se expresa de la forma más maravillosa nuestro inconsciente a través de símbolos.
d) Estudia símbolos sagrados y adivinación.

5. Hipertesia

Los círculos trazados conforman los campos densificados, es la capacidad para sentir la materia más allá de la misma, contactando con la energía que todo lo impregna.

Muchas veces se considera como un trastorno, cuando no es causado por un daño fisiológico, es la gran capacidad de sentirlo todo. Son personas muy sensibles que detectan los campos, identifican si alguien tiene brujería, todo lo sienten, lo presienten, es una sensibilidad exaltada, a veces esto les genera alergias en la vida normal. También se llama hipersensibilidad.

Sienten demasiado lo que está pasando en su entorno y tienen la gran capacidad de descifrarlo. Pero incluso, con pensar en la persona, con tener un nombre, pueden sentirlo. Es como si pudieran trasladarse al cuerpo del otro y sentir lo que sucede.

A veces, las personas son tan sensibles que tienen repercusiones en su piel, en su salud y estado mental, incluso, es muy fácil que los espírtus quieran influir en esta persona debido al campo tan extendido y abierto.

Los individuos con este don saben ubicarse perfectamente en su situación espaciotemporal.

Este don puede ir de la mano de los viajes astrales, lo videncia espacial y la clariempatía.

Corresponde al Rey de oros.

Ejercicios de práctica

1. Haz un ejercicio de relajamiento. Una vez que estés en estado de quietud total, comienza a expandir tus sentidos, es decir, siente con cada sentido: lo que hueles, la temperatura, el gusto, tu piel, lo que miras. Trata de sentir todo a tu alrededor. Ahora intenta trasladarte con tu mente a otro lugar y trata de sentir lo que hay a tu alrededor como si estuvieras allí.

Recomendaciones

a) Haz mucho caso a tu intuición.
b) Recomiendo tener un amplio conocimiento de tus sensaciones, para que cuando sientas algo, ubiques si es tuyo o lo estás sintiendo de alguien más.
c) Practica la meditación Mindfullness.

6. Canalización de la Gran Fuerza

La energía del avatar, la expansión de la clarisentiencia, es el nivel supraconsciente de la misma.

Son personas que llamadas espirituales, tienen la capacidad para comprender las energías del todo, no sólo trasmiten los mensajes de los espíritus, sino los mensajes de la Gran Fuerza Divina. Se siente que su fuerza no sólo es suya, es una fuerza divina.

Las personas de naturaleza divina traen esta fuerza, canalizan estas altas vibraciones.

Son seres de una espiritualidad muy elevada y son canales de la energía superior. Son "Santos".

Se convierten en vehículos de fuerzas y espíritus. Se comunican mensajes divinos de luz a través de ellos.

Estos mensajeros divinos revelan verdades espirituales al mundo, trayendo esperanza y amor a los corazones de la humanidad. Son encarnaciones divinas, superiores, elevadas.

Este don corresponde al rey de bastos. Son heraldos divinos que vienen a aterrizar las fuerzas divinas a la humanidad.

Ejercicios de práctica

1. Crecer espiritualmente.
2. Practicar caminos espirituales devocionales.

Recomendaciones

a) Elevar el nivel de conciencia mediante un camino espiritual y trabajo personal.

7. Misticismo

El misticismo es la conexión absoluta con la fuerza creadora, sólo sucede la conciencia de esta conexión con el despertar espiritual.

Son personas que despiertan a la luz muy fácilmente, o les ha faltado poco y vienen a su encarnación actual a despertar, comprender y trasmitir por el simple hecho de su presencia.

El misticismo es estado de perfección religiosa que consiste en la unión o el contacto del alma con la divinidad. Personas que se conectan con la divinidad. Conexión con el todo, unión, integrar.

Perciben la máxima expresión de la divinidad y respetan toda forma de vida. Honran la existencia de TODO, mostrando misericordia y servicio siempre.

Sienten un gran amor incondicional por todo cuanto existe porque miran a la divinidad en todo, en cada expresión e la existencia, ya sea visible o invisible.

Practican caminos espirituales asiduamente, se interesan por lecturas de este tipo y trasmiten estas enseñanzas con todo lo que son. Siguen un camino de vida saludable, de respeto, devoción y de servicio.

Se dedican a alguna actividad espiritual y actúan en coherencia. Corresponde a los Reyes de copas.

Ejercicios de práctica

1. Medita todos los días.
2. Practica alguna religión o camino espiritual que se convierta en tu filosofía de vida.

Recomendaciones

a) Mira a la divinidad en todo.
b) Practica Mindfullness.
c) Practica rituales y meditaciones de conexión con el TODO.
d) Practica Wicca o la Filosofía de la Tierra.

8. Multidimensionalidad

Es el poder de la consciencia expandida y reconocerse en otras dimensiones y tiempos.

La mutidimensionalidad es activar la parte divina y expandirse viviéndose en realidades simultaneas más allá del tiempo y el espacio. Mirarse siendo en otros mundos, tiempos y dimensiones.

Es activar todos los dones, como si fuera una visión cuántica.

Algunas veces se alcanza mediante hierbas alucinógenas. Lo ideal es alcanzarla mediante meditación y trabajo interior alquímico para que no sea sólo un momento cumbre, sino un estado permanente.

Es gran facilidad para ir a otras dimensiones, y hacer viajes interestelares. Son los caminantes entre los mundos también, pero de una manera más expandida.

Las personas recuerdan, sueñan o tienen visiones de sus vidas paralelas.

Corresponde al rey de espadas, y que es consciente de todos sus cuerpos y conciencia.

Ejercicios de práctica

1) Para llegar a este punto es necesario haber avanzado en todos los dones de los elementos que hemos visto, por lo que la practica es realizar todas las anteriores.

Recomendaciones

a) Expandir la conciencia al máximo punto, junto con sabiduría, práctica y trabajo grupal.

Hasta aquí hemos terminado con la descripción de los dones por cada uno de los elementos.

Capítulo 10.
Identificación, combinación y herramientas

Identificación de tus dones

Y la pregunta ahora es ¿Cómo identificar tus dones? Puedes hacerlo mediante 3 maneras:

1. Tal vez al leer el presente manual te identifiques con alguno de los dones.
2. Utilizando el péndulo y un tablero.

Ilustración 4. Tablero Alquimist

3. Mediante las cartas del Tarot.
4. Mediante dados que deben ser de 8 caras.

Para la identificación de dones en general, te recomiendo que primero identifiques un número que te indicará la cantidad de dones que tienes, por ejemplo, te pueden decir que tienes de tres tipos de dones. Esto lo puedes hacer con el péndulo y un tablero, irá del 1 al 7. O bien echando los dados, el primer número que te salga será la cantidad de dones (del 1 al 7).

El siguiente paso es identificar de cuáles elementos son esos tipos de dones. Puedes echar los dados la cantidad de veces de acuerdo con la cantidad de dones que te salieron o usar el péndulo.

Ya que tienes identificados los dones, procede a identificar los dones específicos de cada elemento. Primero echas los dados para ver cuántos dones de ese elemento tienes, después por cada vez echas el dado para ver qué número de don es.

La otra opción es hacerlo mediante las cartas del Tarot.

- Deberás separar los arcanos mayores que son 21 del resto del mazo.
- Revuelve las cartas y obtén una de esas cartas para ver la cantidad de cartas que deberás sacar de los arcanos menores y caballeros de la corte.
- Ya que tengas el número, ahora revuelve el mazo sin los arcanos mayores y saca el número de cartas que te salieron.
- Identifica la carta con el don de la siguiente tabla:

Tabla 3. Dones y Tarot

	Tierra	Fuego	Agua	Aire	Luz	Magnetismo	Espíritu
	MTR	GN	MR	MN	LS	MG	KL
1	Magia natural	Defensa Psíquica	Fluidez	Magia con aire y vientos	Arte	Magnetismo	Danza y trabajo con el cuerpo. Círculos
	Uno de oros	Uno de bastos	Uno de copas	Uno de espadas	Ocho de oros	Nueve de oros	Diez de oros
2	Magia de amor	Magia sexual	Sanación emocional	Hipergeusia	Ser maestro	Bilocación	Predecir la muerte y el nacimiento
	Dos de oros	Dos de bastos	Dos de copas	Dos de espadas	Ocho de bastos	Nueve de bastos	Diez de bastos
3	Psicometría. Claritangencia. Cumberlandismo	Iluminación	Viajes astrales	Conjurar	Adivinación, premonición, predicción	Hipnotismo	Despertamiento, encantamiento
	Tres de oros	Tres de bastos	Tres de copas	Tres de espadas	Ocho de copas	Nueve de copas	Diez de copas
4	Clarigustiencia	Transmutación y sugestión, *glamoury*	Sueños	Magia con cantos. Mantras y música	Xenoglosia	Pantomnesia	Descifrar los símbolos
	Cuatro de oros	Cuatro de bastos	Cuatro de copas	Cuatro de espadas	Ocho de espadas	Nueve de espadas	Diez de espadas
5	Magia de abundancia, abrir caminos	Magia con Dragones	Registros Akáshicos	Control mental. Formaspensamiento	Alquimia	Telequinesis Tiptología	Hipertesia
	Cinco de oros	Cinco de bastos	Cinco de copas	Cinco de espadas	Sota de oros	Reina de oros	Rey de oros
6	Materialización	Profecía	Psiquismo /clariempatía	Telepatía	Gran Mag@, Sum@ sacertod@	Exorcizar	Canalización de la Gran Fuerza
	Seis de oros	Seis de bastos	Seis de copas	Seis de espadas	Sota de bastos	Reina de bastos	Rey de bastos
7	Sanación	Dar poder y protección	Bendecir	Visión paraóptica	Videncia	Mediumnidad	Misticismo
	Siete de oros	Siete de bastos	Siete de copas	Siete de espadas	Sota de copas	Reina de copas	Rey de copas
					Clariaudiencia	Claricognisencia	Multidimensionalidad
					Sota de espadas	Reina de espadas	Rey de espadas

Combinación de dones

Puedes mezclar los dones que has desarrollado con los que ya tenías; por ejemplo, cuando haces una pregunta al universo, una vez que hayas meditado, las impresiones psíquicas pueden llegar de diferentes maneras: con olores, imágenes, voces, sensaciones, etc., trabajando así con tus dones de clarividencia, clarioliencia, clarigustencia, claricognisencia, etc. Recuerda siempre hacer tu círculo de protección.

Es importante trabajar con los símbolos, estos te llevan a significados y de esa forma los puedes ir relacionando tú mismo o le puedes decir a la persona con la que estás hablando lo que ves y tal vez ella te lo pueda decir.

Herramientas

A continuación, te mostraré diferentes herramientas que pueden ayudarte a desarrollar tus dones, además de las prácticas y recomendaciones.

1. Escritura automática

Una vez que has llevado a cabo la práctica de diferentes dones, se hace cada vez más fácil recibir las impresiones y la información y que ésta fluya. Te puedes ayudar escribiendo las palabras y después los enunciados que surgen aparentemente de tus pensamientos. Esta es una forma de tener éxito en la claricogniscencia y en la clariaudiencia; también es un buen medio para recibir respuestas a cualquier pregunta que tú tengas.

La escritura automática es una forma de canalizar a tu ser superior, también puedes recibir asistencia de tus guías espirituales, ángeles, seres queridos que ya murieron y otros seres del universo.

Este tipo de escritura libre te da la oportunidad de sintonizarte con tu conocimiento claro de una manera no invasiva ni amenazadora. La escritura automática provee de significado para que te entones con tu alma, es una habilidad bella e increíble.

Es una actividad muy practicada en la canalización, o espiritismo. Puedes hacer preguntas a un espíritu, a tu ser superior y permites que lleguen las ideas a tu imaginación; al comenzar a escribir, te vas a dar cuenta que empiezas a recibir mensajes que no había manera que tú supieras. Mientras más practicas este arte, más eficiente será la señal, a veces recibes respuestas que ni tú mismo te habías hecho.

Ejercicio

1) Es necesario que tengas un diario, libro de sombras o muchas hojas donde escribas cotidianamente lo que te sucede.
2) Escribe al menos durante 10 minutos y 10 días IOIOIOIOIOIO para calibrar tu canal, con esto te sintonizarás para recibir los mensajes.
3) Realiza un círculo de protección visualizando luz en ti y a tu alrededor.
4) Una vez que hayas terminado tus ejercicios, en el 11º día, al terminar de tu escritura binaria, cierra tus ojos, relájate.
5) Reza la siguiente oración:
   Querido universo, me gustaría conectarme con la infinita sabiduría que reside dentro de mí y alrededor de mí, estoy muy emocionada de compartir cualquiera que sea el conocimiento que tú desees canalizar a través de mí. Estoy llena de gratitud y apreciación por todo porque yo tengo y todo lo que venga, estoy lista y abierta y ansiosa para cualquier mensaje que tú tengas para mí.
6) Ahora, deja que las palabras fluyan con tu pluma, empieza a escribir algo y permite que siga sucediendo. Tal vez te llegue alguna palabra a la cabeza, escríbela. Dirigiendo a tu espíritu

a través de tu pluma puedes pensar en preguntas y permitir que fluyan las respuestas.

7) Terminando desconéctate. Respira profundamente tres veces, despide a las energías dándoles las gracias y regresa.

2. Scrying

El "Scrying" consiste en usar una superficie luminosa o reflectiva con la intención de tener una visión.

Todas estas formas de "scrying" involucran simbolismo. La piedra, el agua o el espejo se usan para simbolizar el mundo psíquico. El agua en sí misma es un elemento físicamente intuitivo. El objetivo es obtener contacto con tu mente psíquica y aprovechar tu conciencia psiquica. Lo más probable es que no se observen imágenes como en una televisión. En vez de eso, sólo veras símbolos u oirás palabras o frases que tienen un significado en tu subconciente. Haz lo mejor que puedas para descubrir lo que estos símbolos significan y que conexión tienen con la pregunta que tienes en mente.

Existen varias maneras de "Scrye", y la mejor es usar una vasija con agua. Para hacer esto, debes estar en un cuarto obscuro o en lo noche, si se desea realizarlo al aire libre. Un caldero lleno de agua puede ser una gran herramienta para esto. Es conveniente acompañar de una vela.

Otra técnica es usar una piedra o cristal que tenga una superficie reflejante. Del mismo modo, esto debe hacerse en la obscuridad y con una vela.

Un espejo también es efectivo.

Cuando realices lo anterior, no mires directamente a la superficie del agua, espejo o piedra. En vez de eso debes mirar más atrás. Actúa como si vieras a través del agua, espejo o piedra.

3. Esfera de cristal

Lo ideal es que la esfera sea completamente transparente, no importa el tamaño.

El primer paso es limpiarla. La mejor forma de limpiar la esfera es con sal. Hay que poner dos velas, una de un lado y otra del otro lado y para abrir la videncia repetir:

Gran espíritu de fuerza y sabiduría que con tu aliento das y quitas la vida.
Tu gran fuerza, oh tú Gran Divinidad, tú que abres los cielos,
Tú que regalas los mares, tú que haces sondear las ramas y pones las alas al viento.
Que el aliento de tu inmenso conocimiento descienda como aliento de amor,
A mí, que te invoco, con fe.
Haz que el sueño se convierta en realidad.
Tráeme como un corcel lucido el pensamiento de la videncia,
Indúceme a correr hacia tu presencia regia,
Tú con tu voluntad haz que transcurra la vida en la verdad de las cosas.
Así sea

Se debe estar en un lugar tranquilo y sin distracciones. Enciende tu vela e incienso y siéntate cómodo y relajado. Piensa en una pregunta cuya respuesta desearías saber. Concéntrate en ella y dila en voz alta. Comienza a observar a través de la superficie. Pon tu mente en blanco. Deja tu mente abierta para ver y oír los símbolos que te puedan ayudar a encontrar la respuesta a tu pregunta.

En un principio, es suficiente comenzar mirando la esfera uno minutos, pero nunca superar los 10 minutos diarios y se tendría que hacer siempre lejos de las comidas. Hay que saber retirarse a tiempo y no se impacientarnos en querer hacerlo todo enseguida, o podríamos caer situaciones desagradables.

Hay que mirar dentro de cristal y no al cristal. Mirar con el deseo máximo de ver lugares y situaciones, pero en un principio sin la necesidad de establecer conexiones completas en impaciencia. Hay que hacerlo casi con desapego.

Las primeras veces, los ojos se escocerán porque no estamos todavía acostumbrados a clavar intensamente la mirada en la bola; pero después de algunas sesiones, eso no volverá a ocurrir.

Meditemos durante 10 minutos consecutivos y tratemos de ver hasta en los más mínimos detalles. En ningún caso hay que trabajar con la fantasía. Lo mejor es meditar 10 minutos diarios en la bola de cristal. Al principio no superar los 10 minutos, se debe hacer siempre a la misma hora en la misma habitación y lejos de las comidas. Progresivamente tendremos que añadir el límite de 30 minutos al día de ininterrumpida concentración.

Algunas veces, en lugar de tener verdaderas visiones puede que tengamos la sensación de que se producen oscurecimientos o colores, esto es buena señal. Es la señal de una visión incipiente. Hay que concentrarse al máximo porque un despiste puede hacer desaparecer las apariciones.

Significados de imágenes en la bola

- El oscurecimiento de color rojo con matices carmesí, significa siempre un peligro inminente para el consultante, en amor tiene el significado simbólico de pérdida, disputa, disgusto o dolor.
- El oscurecimiento de color naranja con matices amarillos, significa sorpresa desagradable, traición o pérdida de dinero.
- Un oscurecimiento de color blanco significa que el presagio es siempre favorable, son buenas inversiones en los negocios, noviazgos o bodas a la vista.
- Un oscurecimiento de color negro siempre es un mal presagio, es desfavorable y negativo.
- Un oscurecimiento de color azul oscuro, casi morado, representa un presagio venturoso, serenidad interior, felicidad o curación en caso de enfermedad.

- Un oscurecimiento de color verde con todos los matices más claros de este color, significa un presagio ilusorio. Si es más oscuro, con tendencia al verde musgo, el presagio en cambio es siempre muy favorable, la respuesta a toda petición, en este caso, es siempre afirmativa.
- Un oscurecimiento arriba, o mejor dicho si las nuvecillas tienden a subir del centro de la bola hacia arriba para después disolverse, eso significa que las presencias espirituales vienen a ayudar al vidente y al consultante durante la consulta.
- Un oscurecimiento abajo o mejor dicho si la nebulosidad tiende en su sendero hacia el centro de la bola hasta abajo, para disolverse luego; la respuesta es negativa, es decididamente contraria.
- Hacia la derecha, quiere decir que el vidente, aunque descubra el futuro del consultante, no ha de revelarlo, así que entonces tendrá que permanecer sellado de boca. Lo que diga podría ser prematuro y nos va a informar que el consultante que tal vez no esté preparado todavía para conocer la trama de su destino en el futuro.
- Un oscurecimiento hacia el lado izquierdo, mejor dicho, si las nubes se desplazan hacia la izquierda quiere decir que la sesión ha terminado

4. Espejo

El uso del espejo es una forma de scrying. Puede ser un espejo pequeño, aunque de preferencia se puede usar un espejo de obsidiana de mínimo 12 cm de diámetro.

Algunos especialistas dicen que cuando la clarividencia se desarrolla, el espejo aparece cubierto de una especie de neblina, que luego deja traslucir formas y colores. A medida que se desarrolla la habilidad perceptiva, se agudizan las formas y colores dejando entrever objetos discernibles, personas y símbolos.

Para las personas con habilidades psíquicas naturales, el avance es rápido si aprenden a relajarse profundamente.

El procedimiento es el mismo que con la esfera de cristal. Relajarse, protegerse y mirar.

Cuando te sientas preparado dile al espejo que te muestre tu verdadero YO. Tómalo con calma porque tu mente puede intentar rechazar la visión.

Fíjate bien en el resultado. Si todo parece estar bien, puedes pedirle al espejo que te muestre algo en tu interior que no esté bien. Así tendrás algo sobre lo que reflexionar para mejorar después. Pídele también que te muestre cómo está tu mente, tus sentimientos.

Puedes pedir ver tus vidas pasadas. Verás que empiezan a aparecer rostros sobrepuestos al tuyo, siente e interpreta tus visiones.

Para salir de la meditación, primero dale las gracias al espejo por mostrarte todo lo que querías saber. Después vuelve lentamente.

5. Oráculos

Las cartas son probablemente la forma que más prevalece de adivinación en todas partes. Hay diferentes tipos de cartas. Pueden ser oraculares o puede ser el Tarot que contiene los arcanos menores y mayores, pueden ser cartas de Ángeles, cartas para jugar, de hadas, espíritu, de runas, etc. Ayudan a guiar a través del presente, conocer acerca del pasado y revelar cualquier el reto del futuro o cualquier oportunidad. También proporcionan una guía para navegar oportunamente durante las transiciones.

Mientras estás leyendo las cartas, pueden venir visiones colores, sensaciones y todo esto dependiendo de la respuesta. Es posible que los espíritus te estén proporcionando este tipo de señales para completar tu lectura. Cuando inicias una lectura, invoca a los seres espirituales para que te ayuden y te proporcionen mensajes que ayudarán en el éxito de tu lectura.

6. Tablas

Los tableros son herramientas de predicción donde hay respuestas previstas. Normalmente se usa con el péndulo, pero en otras ocasiones se utiliza con cuarzos o puntas.

7. Uso de péndulo

Puedes adquirir un péndulo, de preferencia de aluminio, si no hay de aluminio, entonces uno de cuarzo, de preferencia transparente o del color que más te guste y resuene. Si vas a trabajar para otras personas, lo mejor es uno de aluminio debido a que éste no absorbe energías ajenas. Si sólo es para uso personas o para que preguntes sobre seres cercanos, entonces uno de cuarzo está bien. Hay muchos tipos de péndulos, a final de cuentas elegirás el que sientas que es para ti.

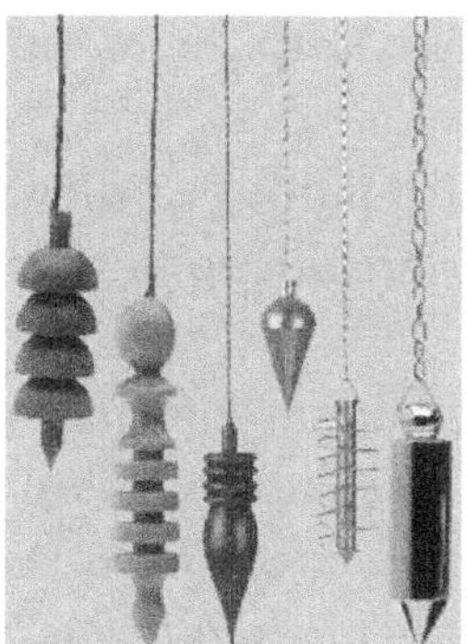

- Toma tu péndulo entre tus manos, con la izquierda abajo y la derecha arriba.
- Cierra tus ojos y siéntelo.
- Ahora prográmalo diciéndole: te programo para que me digas sólo la verdad.

- Toma tu péndulo de la cadena. Lo tomarás aproximadamente a 4 o 5 centímetros en la cadena.
- Y dile: dame un sí
- El péndulo empezará a hacer movimientos, cuando esté bien definido este movimiento entonces será un sí.
- Después álzalo y dile: dame un no.

NOTA: Debes tener paciencia, no te desesperes ni trates de manipular al péndulo con tu mente. Sólo enfócate en la pregunta, no en la respuesta. Poco a poco te irás familiarizando con tu péndulo. Durante las primeras semanas, tráelo contigo para que se cargue de tu energía.

Puedes ayudarte de una tabla para el uso de tu péndulo.

Protección

1. Ritual de los cuatro puntos cardinales

Ritual de protección invocando a los cuatro puntos cardinales y las cualidades de sus elementos. Respiremos lenta, profunda y continuamente.

Llamamos a los cuatro puntos cardinales y a los cuatro elementos para abrir nuestro círculo repitiendo:

Consagro este lugar en amor, fortaleza y espiritualidad.

1. Al este, con el elemento aire que nos comparte su conocimiento de los comienzos o los inicios.

2. Al norte, con el elemento tierra que nos comparte el conocimiento de todas las influencias estabilizadoras.

3. Al sur, con el elemento fuego que nos comparte el conocimiento de todos los cambios y transmutaciones.

4. Al oeste, con el elemento agua que nos comparte todo lo que acaba o termina, los finales.

2. Ritual de la Diosa y el Dios

Respiramos lenta, profunda y continuamente.

¡Diosa! Madre de todo lo que existe, protégeme.
¡Dios! Padre de todo lo que existe, defiéndeme.
Yo siempre estoy segur@.
Yo nunca estoy sol@.
Yo invoco a mis guardianes, a mis guías espirituales y a las fuerzas de todo lo bueno para que entren a nuestro círculo de luz blanca y divina inspiración.
Mi ser elevado puede transmitirme el conocimiento que estoy list@ para recibir y la sabiduría para en el mayor bien, usarlo.

3. Persignación

Con la mano señalar a cada punto que se indica:

Equilibra y protege mi mente y mis
pensamientos (frente)
Equilibra y protege mi fuerza
creadora (Ingle derecha)
Que el poder femenino renazca en
mí, me cubra y me acoja (hombro izquierdo)
Que el poder masculino me de
fuerza, dirección y protección (hombro derecho)
Que el poder y la magia renazca en
mí (ingle izquierda)
Dándome la visión, sabia y fuerte
ahora (frente).
Por la ley eterna del amor y el
poder del círculo de magia y protección (corazón)
¡¡¡Que así sea!!!!

4. Llamar a los espíritus y proteger

Para pedir protección, pero al mismo tiempo solicitar la videncia.

Elementales del aire, de la tierra, del fuego y del agua.
En el nombre de la gran fuerza divina que ha creado todas las cosas visibles e invisibles
Ayúdame, concédeme luz y despertar de pensamiento.
Despierte en mí la videncia,
Aleja de esta espera toda fantasía inútil,
que mi mente se muestre transparente como el cristal
Que la luz benéfica llene de poderes y de virtudes a esta esfera y a mí.
Que ningún enemigo se atreva a entrar en ella,
Ni entre en este espacio sagrado.
Por la fe que me anima, Así sea

Conclusión

Ya hemos visto los diferentes dones que existen y la forma en la que puedes identificar el que tú tienes. Retomando me gustaría recalcar que nunca tengas miedo de tus dones no de las señales que recibes. Es universo es perfecto y sabe qué señales enviarte en cada momento.

A través de lo que has visto aquí, puedes incluso dar una consulta a alguna persona para ayudarla a identificar sus dones.

Recuerda que estos dones son herramientas divinas para enfrentar el mundo luchar contra cualquier adversidad y triunfar en él.

Eleva tu conciencia, eleva tu ser y los dones poso a poco caerán, dándote la oportunidad de despertar y leer todas las señales para tu evolución hacia el bien y la luz.

Bendiciones.

¡Feliz encuentro, Feliz partida, Feliz reencuentro!
Por Samak

Bibliografía

Bartlett, Sarah (2012) ***The Essential Guide to Psychic Powers***, Watkins.

Narnum, Melanie, ***Psychic Abilities for beginners***, Lewellyn Publications Minessota 2016.

Owens Elizabeth, ***Espiritismo y Clarividencia para principiantes***, Grupo Editorial Tomo, S.A. de C.V., México, 2008.

Samak, ***Astrología, tus dones y conexión espiritual***, ETM México 2018.

--------, ***Tratado de energías y Defensa psíquica Tomo I, Tomo 2, Tomo 3***. Edición independiente, Alquimist

Te invito a visitar mi página
y mirar los otros libros con los que contamos

www.alquimist.com.mx

Sígueme en mis redes @Samak

@Samak Alquimist

Acerca de la autora

Samak es egresada del Instituto Tecnológico y de Estudios Superiores de Monterrey (ITESM) como licenciada en Mercadotecnia, suma parte de su formación académica la carrera de Psicología en la Universidad Autónoma de México (UNAM), donde además cuenta con una maestría en Filosofía, otorgada por la facultad de Filosofía y letras, de tan memorable y prestigiosa casa de estudios. Dos maestrías más enriquecen su trayectoria académica, una en Logoanálisis corporal y convergencia reichiana, y otra en Astrogenealogía. Su trayectoria y su gran ambición por el conocimiento la llevaron a incursionar en el Reino Unido, en donde estudió el "Modelo de Sistema Viable" en la prestigiosa Universidad de Hull. Destaca mencionar que por parte del Instituto Politécnico Nacional (IPN) cuenta con un Doctorado en Ingeniería de Sistemas, además de su valiosa aportación como docente en dicha celebre institución. Actualmente, cursa el post-doctorado en el Centro de Ciencias de la Complejidad de la UNAM. Autora de más de seis libros, docente en diversas universidades ha impartido seminarios y cursos en distintas partes del mundo.

OTROS LIBROS DE SAMAK

EL TRATADO DE ENERGÍAS Y DEFENSA PSÍQUICA I, LAS ENERGÍAS Y LOS ATAQUES PSÍQUICOS.

El tema de las energías y los ataques psíquicos es un asunto que se cree de gente supersticiosa; sin embargo, es una sabiduría ancestral que cada día va encontrando fundamento real, además de ser una tarea que todo ser humano debe conocer para salvaguardar la integridad energética y espiritual propia y de los suyos. En este primer volumen del Tratado de Defensa Psíquica, la Sacerdotisa Samak nos revela los frutos de sus investigaciones realizadas por años acerca del resguardo y protección de nuestra energía vital.

EL TRATADO DE ENERGÍAS Y DEFENSA PSÍQUICA II, LAS BRUJERÍAS

Muchos mitos, leyendas y anécdotas influencian nuestro pensamiento, dejando a nuestro criterio la decisión de mantenernos escépticos o incursionar en el mundo de lo paranormal. En este ejemplar podrás incursionar en una visión fascinante al mundo espiritual donde la magia te acompañará en todo momento, a través de la narrativa y las bien ilustradas páginas que te presento plasmadas en esta obra literaria. Este es un libro que recopila, más de diez años de investigación de diferentes culturas, en diferentes épocas, además de narrar las maravillosas e interesantes experiencias que han formado parte durante mi larga incursión en el camino espiritual. Este libro se enriquece no sólo por mi experiencia en los temas relacionados con el misticismo, sino también por mi trayectoria en el ámbito profesional.

Si el mundo de las ciencias ocultas despierta tu interés, es imprescindible contar con un ejemplar del libro TRATADO DE ENERGÍAS Y DEFENSA PSÍQUICA TOMO II - LAS BRUJERÍAS en donde podrás consultar los tipos de brujería que existen y cómo contrarrestarla, entendiendo el poder de los hechizos y las energías ocultas. ISBN 978-607-29-2737-7

EL TRATADO DE ENERGÍAS
Y DEFENSA PSÍQUICA III,
LOS ESPÍRITUS

El mundo de los espíritus es un tema en el que Samak se ha vuelto experta debido a su interacción con él. En este tercer tomo de "Tratado de energías y defensa psíquica" resolverás tus dudas sobre los fantasmas o muertos, entidades, seres de luz, ángeles, seres míticos, extraterrestres e implantes y en la sección sobre demonología encontrarás los nombres y características de los demonios más conocidos. Encontrarás además métodos para liberarte de las entidades parasitarias comprendiendo el daño que te pueden causar al interferir en tus decisiones y evolución, considerando que algunos de los pensamientos que tienes no son tuyos, son implantados por ellos. Descubrirás los pasos para protegerte y liberarte de implantes y entidades, la terapia de desposesión espiritual y los exorcismos. Samak te comparte el conocimiento acumulado por más de 20 años en este Tratado que no puede faltar en tu biblioteca si te interesan los temas sobre el más allá, las entidades inmateriales y quieres saber cómo conectarte o liberarte de estos seres.

DIARIO DE UNA BRUJA

El Diario de una Bruja contiene interesantes pasajes de la vida de una sacerdotisa consagrada a la cultura Wicca y conecta a las lectoras y lectores con la práctica de este arte que data del principio de los tiempos. En estas páginas Samak comparte contigo su sentir y sus conocimientos sobre este camino místico lleno de sabiduría. Acompáñala en la aventura. ISBN 9786077817376

ASTROLOGÍA, TUS DONES
Y TU CONEXIÓN ESPIRITUAL

En este libro Samak aporta el conocimiento astrológico desde el punto de vista espiritual. En su labor de ayudar en el despertar de los dones especiales o mágicos, brinda una perspectiva diferente para identificar y potenciar los dones a través de la relación con los astros y la forma en que cada individuo se puede conectar con las fuerzas divinas, así como la manera de divinizarse, satanizarse o hundirse en las tinieblas de acuerdo a ciertas configuraciones astrológicas. ISBN 9786077817420

LOGOS, LENGUAJE Y SÍMBOLO, LA COMUNICACIÓN DE LA RAZÓN UNIVERSAL HACIA EL ENTENDIMIENTO INDIVIDUAL.

Al tratar de comprender a dónde nos lleva una mayor comprensión e interpretación del mundo, buscamos comprender el vínculo que une a la multiplicidad de razones individuales consigo mismas, unas con otras y con la Razón Universal o Logos cuyos conceptos son de difícil aproximación. La hermenéutica de Heidegger y Gadamer nos dan pauta en esta tarea, cargando así al Logos de sentido en la comprensión e interpretación. Posteriormente nos acercamos a la lingüisticidad, el lenguaje y ludus para llegar con el Círculo Éranos a la hermenéutica simbólica, comprendemos así que en cada interacción en nuestra subjetividad con el mundo simbolizamos. El Logos, ahora también como logos simbólico, cargado de sentido nos lleva a comprender la importancia de lo religioso, lo divino, lo mítico y lo erótico; manifestados en los mitos que nos llevan a un proceso de individuación donde aprendemos a vivir en armonía con lo que nos sucede, con lo cíclico y lo ascensional. El equilibrio de dicho proceso se alcanza mediante la reconciliación de la razón y la emoción, el logos y el mito, interior y exterior, luz y sombra; con el fin de lograr el conocimiento de sí mismo, para amarse y así amar a otros. ISBN 9783659061455

GUÍA MÁGICA DE LUNARES
IDENTIFICA EL TIPO DE BRUJA QUE ERES DE ACUERDO CON TUS LUNARES

¿Tienes un lunar misterioso y quieres saber qué es lo que significa? Si es así, no puedes dejar de leer esta mágica obra llena de misticismo y reveladores secretos, donde descubrirás los poderes mágicos con los que has nacido y que se encuentran escritos en el bellísimo lienzo de tu cuerpo. Los lunares son marcas con un significado mágico que te hablan de tu carácter, del pasado, de tus dones, y de lo que puede depararte el futuro. Misteriosos, distintivos, sensuales, llamativos; tantos como el firmamento, así son los lunares. No te quedes con la duda y los beneficios de saber su significado. En la antigüedad los lunares eran las marcas distintivas de los linajes reales, durante la "Santa Inquisición" se buscaba la marca del diablo interpretándose injustamente en los lunares de las doncellas; miles de mitos y leyendas hablan de los elegidos que portan un lunar con un significado especial. Descubre qué significan esos mágicos lunares que portas, su forma, su lugar, su tamaño.

Editado en julio de 2022 en México,
con la fuente Georgia. Se difunde impreso
y a través de plataformas digitales

Made in the USA
Monee, IL
07 June 2023

35091807R00131